Pavlina Klemm

Lichtbotschaften von den Plejaden 7

Wissen für die Neue Zeit

mit zahlreichen Übungen!

Besuchen Sie unseren Shop:
www.AmraVerlag.de

Ihre 80-Minuten-Gratis-CD erwartet Sie.
Unser Geschenk an Sie ... einfach anfordern!

Eine Originalausgabe im AMRA Verlag
Auf der Reitbahn 8, D-63452 Hanau
Hotline: + 49 (0) 61 81 – 18 93 92
Service: Info@AmraVerlag.de

Herausgeber & Lektor	Michael Nagula
Einbandgestaltung	Guter Punkt
Layout & Satz	Birgit Letsch
Autorenfoto	Melanie Daoud
Druck	CPI books GmbH

Content © 2021 by Pavlina Klemm, www.pavlina-klemm.de
Cover © by Josephine Wall, www.josephinewall.co.uk

ISBN 978-3-95447-451-6 (Buch)
ISBN 978-3-95447-453-0 (eBook)
ISBN 978-3-95447-452-3 (mp3-Hörbuch)
ISBN 978-3-95447-454-7 (CD 8: Kosmische Apotheke)
ISBN 978-3-95447-332-8 (Meditations-CD Reiner Klang)

Kostenloser Download der Meditation »Reinigung des Herzens«, von Pavlina selbst gesprochen, auf www.Channeling-Kongress.de

Außerhalb der Plejadenreihe liegen folgende Titel von Pavlina vor:
Heilsymbole & Zahlenreihen. Arbeitsbuch der Plejadenheilung
Heilsymbole & Zahlenreihen. Set mit 44 Karten und Begleitbuch
Energetischer Schutz & Gesundheit deines Körpers (Virenschutz-CD)
Heile deine Chakren. Reinigung für das Große Erwachen (Doppel-CD)
Die Blume des Lebens. Botschaft der Plejader (CD mit Michael Reimann)
Transformation gemeinsam erleben (Channeling-Kongress-DVD)

Die hier vorgestellten Informationen, Ratschläge und Übungen sind natürlich subjektiv. Sie wurden zwar nach bestem Wissen und Gewissen geprüft, dennoch übernehmen Verfasser und Verlag keinerlei Haftung für Schäden gleich welcher Art, die sich direkt oder indirekt aus dem Gebrauch der Informationen, Tipps, Ratschläge oder Übungen ergeben. Im Zweifelsfall sollte ärztlicher Rat eingeholt werden.

Alle Rechte der Verbreitung vorbehalten, auch durch Funk, Fernsehen und sonstige Kommunikationsmittel, fotomechanische, digitale oder vertonte Wiedergabe sowie des auszugsweisen Nachdrucks. Im Text enthaltene externe Links konnten vom Verlag nur bis zum Zeitpunkt der Buchveröffentlichung eingesehen werden. Auf spätere Veränderungen hat der Verlag keinerlei Einfluss. Eine Haftung des Verlags ist daher ausgeschlossen.

Inhalt

Einleitende Gedanken   9

Vorwort der plejadischen Zivilisation   13

Durchgaben und Übungen zur Neuen Zeit

1. Die Herzenskraft des Menschen   22
2. Einführung in die Welt der Chakren und deren Bewusstsein   26
3. Orella und ihre Botschaft »Die Wahrheit siegt«   32
4. Die Chakren, ihre Welten und geeignete Übungen für ihre Heilung   37
5. Der Zutritt zur Kosmischen Apotheke ist frei für die Menschheit!   94
6. Lichtvolle kolloidale Metalle und die Aufgabe von physischem Gold für den Menschen und den Planeten Erde   99

7	Übung zur Anbindung an die Kosmische Apotheke	105
8	Anbindung an die Kosmische Apotheke der Tiere	111
9	Die übergeordnete Seele eurer Familie und die energetische Arbeit mit ihr	115
10	Eine neue Zahlenreihe zur Regeneration, für die optimale Entwicklung und zum Schutz eurer DNA	126
11	Bienen und Mandalas zu ihrem Schutz	132
12	Meditation für alle Kinder dieses Planeten	136

Botschaften der Plejader zur aktuellen Lage

1	Aufbruch in die positive Zukunft	142
2	Ihr durchlauft Prozesse, die euch befreien werden	151
3	Ein neues Matrixsystem galaktischer Ordnung	156
4	Der kosmische Schlüssel zur Freiheit	161
5	Der Planet Erde reinigt sich	167
6	Die Wiedergutmachung hat bereits begonnen	173
7	Die Lichtrevolution	179
8	Die Große Veränderung	186
9	Frequenzen des Friedens	194

Der Kornkreis in Fischen	199
Die Relevanz eurer Inkarnation auf diesem Planeten *Abschließende Worte der Plejader*	206
Mein aktuelles Nachwort	214
Danksagung	223
Buchempfehlung	225
Über Pavlina Klemm	228
Verzeichnis der auf den Plejaden-CDs *enthaltenen Übungen und Meditationen*	230
Weitere Veröffentlichungen	234
Bonus-Meditation Schutz & Erdung	238

*Dieses Buch widme ich meiner Familie
und meinen Vorfahren, die sich im menschlichen
lichtvollen Himmel befinden.*

*Es ist mein Wunsch, dass die Worte
und liebevollen Schwingungen dieses Buches
so viele menschliche Herzen
wie möglich erreichen.*

Liebe Leserin, lieber Leser!

Dieses Buch ist in einer Zeit entstanden, die zu den bedeutendsten Epochen der Menschheit gehört. Die Plejader haben uns darauf aufmerksam gemacht, immer wieder, dass wir alle uns einer »lichtvollen Revolution« nähern, aber die Vorstellungen und Erwartungen, die wir von dieser Zeit hatten, wurde um ein Vielfaches übertroffen.

Ich denke, dass die wenigsten sich vorgestellt haben, dass diese Zeit so turbulent und revolutionär werden würde. Wer hätte schon erwartet, dass die kosmischen Prozesse so intensiv auf uns einwirken und Prozesse, welche die menschliche Gemeinschaft betreffen, sich dermaßen schnell ereignen würden?

Unaufhaltsam und mit Siebenmeilenschritten nähern wir uns den Strukturen des neuen Lebens der menschlichen Gemeinschaft. Unaufhaltsam und mit Siebenmeilenschritten nähern wir uns den neuen kosmischen Lichtfrequenzen, die uns an bisher unvorstellbare Möglichkeiten anbinden. Unaufhaltsam und mit Siebenmeilenschritten nähern wir uns dem Bewusstseinsanstieg der gesamten Menschheit. Täglich kommen neue Informationen zu uns, die in die Herzen und Systeme von uns Menschen einfließen.

Jeder, der sich für die Inkarnation zu dieser Zeit auf dieser Erde entschieden hat, war mit diesem großartigen kosmisch-göttlichen

Plan einverstanden. Jeder wusste im Vorhinein, was sich hier auf diesem Planeten abspielen würde. Unser Geist hat uns das bei der Inkarnation auf der Erde lediglich vergessen lassen …

Wir sitzen alle im »gleichen Boot«, und in dieser Inkarnation haben wir von allen bisherigen Inkarnationen auf diesem Planeten jetzt eine der größten Aufgaben. Es ist die Aufgabe, unser Herz erstrahlen zu lassen und das Licht unseres Herzens mit weiteren Lichtern menschlicher Wesen und mit weiteren Lichtern des kosmischen Geschehens zu verbinden. Jedes erstrahlte, durchleuchtete und reine Herz ist unglaublich wichtig! Jedes erstrahlte, durchleuchtete und reine Herz erhöht das Licht der Gesamtentwicklung der Menschheit!

In dieser Zeit ist es notwendig, sich daran zu erinnern, wie groß das Licht ist, das wir in uns tragen. Es ist notwendig, allen zu vergeben, die uns verletzt haben, alle um Vergebung zu bitten, die wir verletzt haben. Und vor allem – uns selbst zu vergeben. Frieden mit anderen Menschen, Seelen und Wesen zu schließen und Frieden mit sich selbst zu schließen! Mit allem, was wir uns in den unterschiedlichsten, karmischen Situationen angetan haben und womit wir einander verletzt haben.

Nie war ich den plejadischen Wesen dankbarer dafür, dass sie uns begleiten und Informationen an uns weitergeben, die uns dabei helfen, in dieser turbulenten und revolutionären Zeit zu bestehen. Wenn wir ihre Hilfe annehmen, für die sie im Gegenzug nichts von uns erwarten, rein gar nichts, dann können wir diese Zeit leicht und vertrauensvoll, in müheloser Ausdauer durchleben.

Ich spüre ihre Anwesenheit, ich spüre ihr Licht und ihre Weisheit. Die Plejader sind Teil meiner Familie, die immer Verständnis für mich hat, die mir Heilimpulse übergibt und die mich diese Welt so sehen lässt, wie sie wirklich ist. In ihrer Gegenwart ist meine Intuition immer erheblich ausgeprägter und lässt mich den Weg gehen, der für mich am besten ist.

Meine Selbstliebe, die mich die Welt ohne Verurteilungen und ohne Gefühle der Missgunst sehen lässt, ist in ihrer Gegenwart immer erheblich ausgeprägter.

Ich weiß, dass ich mir diese Inkarnation selbst ausgesucht habe. Ich weiß, dass diese Inkarnation gerade in dieser Zeit Heilung und Abtrennung von den letzten karmischen Ursachen anbietet, die ich hier auf der Erde angesammelt habe. Diese Möglichkeit haben wir alle erhalten. Wir haben die Möglichkeit erhalten, alles, was wir nicht mehr mit uns herumtragen wollen, abzulegen. Viele von euch, auch ich, haben sich für diese kostbare Möglichkeit entschieden.

Alles wird feinstofflicher. Die Feinstofflichkeit nimmt täglich zu. Die auf die Erde kommenden kosmischen Frequenzen schwingen immer höher und schneller. Alles verläuft in einem natürlichen, kosmischen Prozess. Und wir Menschen gehen durch diesen Prozess. Unsere Systeme reinigen sich von einer Jahrtausende währenden Gefangenschaft in einer Matrix, die es nicht gut mit uns meinte.

Das dürfen wir nun abstreifen – und das vorliegende Buch hilft uns zu verstehen. Es hilft uns, die Gesamtsituation zu verstehen, in der wir uns befanden, und es hilft uns, unser gesamtes System vollends zu heilen.

Und wieder haben wir eine gewaltige Hilfe: Dieses Buch ist mit den neuen Frequenzen der positiven Zukunft aufgeladen, jedes einzelne Wort!

Die positiven Frequenzen, die dieses Buch begleiten, befinden sich noch nicht auf unserem Planeten. Dadurch gelingt es uns leichter und schneller, unsere Systeme ohne belastende negative Begleitfrequenzen zu heilen, und es gelingt uns auch leichter und schneller, die Realität der Vergangenheit loszulassen, wenn wir diese Möglichkeit zulassen. Ihr werdet die Leichtigkeit dieser Frequenzen spüren.

Die Worte der einzelnen Übungen in diesem Buch tragen die positiven Lichtinformationen der Zukunft der Menschheit in sich, damit sich das System des Menschen verstärkt regenerieren kann – damit sich das System des Menschen endlich von den Strapazen der manipulierten Vergangenheit erholen kann.

Die plejadischen Wesen haben vom kosmischen Lichtrat und von der göttlichen Intelligenz die Erlaubnis erhalten, energetisch mit uns zu arbeiten und uns zu unterstützen. Die Manipulation der Menschheit durch die dunklen Wesen und Mächte war zu stark, als dass wir uns in allen Situationen auf diesem Planeten selbst hätten helfen können.

Dafür bin ich den plejadischen Wesen dankbar. Ich segne ihre Gegenwart und ihre Existenz. Ich segne die Gegenwart und Existenz von euch allen!

Ich wünsche euch viel Freude, neue Erkenntnisse und weitere Heilimpulse für eure Seele, für euren Geist und für euren Körper. Ich wünsche euch, dass durch eure persönliche Heilung auch die Systeme eurer Familien heilen und dass die Beziehungen und Ansichten zu Menschen heilen, die in dieser Inkarnation die Rolle eures Gegners spielen, oder dass sie euch Eigenschaften reflektieren oder spiegeln, die ihr bislang noch nicht ablegen konntet.

»Schritt für Schritt«, wie die Plejader gerne sagen, nähern wir uns einer positiven Zukunft. Jeder für sich selbst und jeder als Teil der menschlichen Gemeinschaft.

Lasst uns das Licht in unserem Herzen entfachen und gemeinsam unsere menschliche Realität durchleuchten.

Unsere Herzen verbinden uns. Unsere Herzen heilen uns.

In Liebe und Dankbarkeit!
Eure **Pavlina**

Liebe Lichtbotinnen und Lichtboten!

Es freut uns sehr, dass wir erneut in euren Zeitraum einsteigen können, um euch weitere Informationen mitzuteilen. Nur ein winziger Bruchteil eurer irdischen Zeit ist vergangen seit unserer letzten gemeinsamen Begegnung. Die Begegnungen mit euch sind für uns jedes Mal sehr herzlich, und wir kommen mit großer Dankbarkeit in eure Realität. Wir füllen eure Herzen mit unserer Freude und unserem Glück. Wir sind glücklich darüber, dass die Kommunikation enorme positive Ergebnisse erbringt!

Riesige morphogenetische Felder haben sich um jede einzelne Leserin und jeden einzelnen Leser gebildet. Riesige morphogenetische Felder haben sich zwischen euch und allen anderen Bewusstseinsfeldern gebildet. Ein großes Licht ist zwischen euch und den Befürwortern der kosmischen Lichtinformationen, Impulse, Frequenzen und Energien entstanden – riesige Felder, die euch und uns miteinander verbinden.

Eure Herzens- und Bewusstseinskraft hat Lichtportale zwischen dem Planeten Erde und unserem Plejadengestirn erschaffen. Ausgedehnte Felder wurden zwischen der Erde und anderen Sternen und Planeten, von denen ihr stammt, gebildet. Ihr habt euer Herzenslicht, das Licht eures Körpers und eurer energetischen Aura um ein Vielfaches verstärkt.

Eure Zellen haben begonnen, sich dank eurer Bewusstseinsarbeit an das Bewusstsein der göttlichen Zentralsonne anzubinden, an das Bewusstsein der unendlichen göttlichen Kraft, der Liebe, Energie, Schönheit und Vielfalt.

Euer spirituelles Wissen hat sich erheblich vermehrt, und dieses Wissen verbindet sich jetzt mit dem Wissen weiterer menschlicher Individuen, die hier auf diesem Planeten eine Heimat für ihre Inkarnation gefunden haben. Ihr unterstützt euch dadurch gegenseitig und eure Lichtschwingung erhöht sich.

Das Licht auf eurem Planeten verstärkt sich insgesamt. Es verstärkt sich buchstäblich jeden Tag. Jeden Tag nähert ihr euch mehr und mehr dem Goldenen Zeitalter an.

Dem Goldenen Zeitalter für die menschliche Gemeinschaft.

Dem Goldenen Zeitalter für die Naturreiche.

Dem Goldenen Zeitalter für den Planeten Erde.

Dem Goldenen Zeitalter für andere bewohnte Planeten und ihre Zivilisationen, die sich in derselben Zeit und im selben Raum eurer gemeinsamen Galaxis befinden.

Das Geschehen auf dem Planeten Erde hat zu Beginn des Jahres 2020 eine hohe Geschwindigkeit aufgenommen. Alles durchlichtet sich, die Dunkelheit schwindet und die dunklen Mächte wissen ganz genau, dass sich ihre Zeit auf diesem wunderschönen Planeten dem Ende zuneigt. Sie wissen genau, dass die einströmenden goldenen Schwingungen nicht in ihre gedankliche und existenzielle Realität und in ihre Matrix passen.

Die große weltweite, durch die dunklen Mächte und Wesen verursachte Bewegung ließ die ganze menschliche Bevölkerung im wahrsten Sinne des Wortes erstarren.

Und noch immer versuchen sie, ihre Pläne und ihre Netze in jeden Winkel dieses Planeten, in jeden Gedanken und jede Emotion jedes einzelnen Menschen zu tragen.

Ein ums andere Mal haben wir euch in den bisherigen Büchern darauf hingewiesen, dass eine Zeit kommen wird, in der auch die Massenmedien ihre ganz und gar negative Macht zeigen werden. Wir haben euch darauf hingewiesen, vorsichtig zu sein, und euch gebeten, eure eigene Meinung zu bilden und auf eure Intuition zu hören.

Viele von euch haben diese Ratschläge befolgt und sich nicht aus ihrer Mitte bringen lassen. Aber viele menschliche Wesen haben ihre positive Ansicht von der Zukunft auch verloren und sind von ihrem Weg abgekommen.

Mit den folgenden Texten möchten wir euch helfen, eure Meinung zu optimieren und eure Intuition besser zu spüren. Dazu bieten wir euch energetische Übungen an, die euch von dieser schwierigen Realität und von der dunklen Vergangenheit der Menschheit reinigen können, Übungen, die euch helfen, die Energiesysteme eurer Chakren zu heilen. Eure Chakren sind nämlich die direkten Tore zur göttlichen Quelle und zu all ihren Informationen und Frequenzen. Eure Chakren verbinden euch mit dem Licht und der Liebe des Kosmos.

Wir gehen Schritt für Schritt mit euch voran. Wir begleiten euch und helfen euch, eure Realität zu verstehen. Der Aufenthalt in eurer Nähe macht uns große Freude. Wir befinden uns sehr oft in eurer Nähe und beobachten euer Geschehen.

Das bereitet uns großes Vergnügen.

Auch wenn sich hinter den Kulissen der weltweiten Entwicklung gewaltige Prozesse abspielen, die zur Gesamtbefreiung der Menschheit von der Versklavung durch die dunklen Mächte führen, ist es uns durch die göttliche Intelligenz und durch den höchsten kosmischen Rat noch nicht erlaubt, *vollkommen physisch* in eurer menschlichen Realität und zeitlichen Gegenwart zu erscheinen.

Die dazu erforderliche Bewusstseinsentwicklung der Menschen muss wenigstens dreißig bis vierzig Prozent der Bevölkerung betragen, damit die Menschheit in der Lage ist, die Gesamtsituation, die sich gerade ereignet, wirklich zu erfassen und zu begreifen.

Die Gesamtsituation mit allen Wirkungen und Ursachen. Sobald die Bewusstseinsentwicklung zumindest dreißig Prozent der Bevölkerung erreicht hat, wird sich dieses Bewusstsein über die morphogenetischen Felder, die mit Hilfe von reinen menschlichen Herzen erschaffen wurden, weiter übertragen.

Die Anzahl der Menschen, deren Herz inzwischen hell erstrahlt und die für den erfolgreichen Aufstieg ins Goldene Zeitalter notwendig war, wurde Ende des Jahres 2018 bis Anfang 2019 erreicht. Eine großartige Entwicklung ...

Jetzt kommt es darauf an, wie viele menschliche Wesen aus dem lange währenden Schlaf noch erwachen und sich bewusstseinsmäßig an die morphogenetischen Felder der Menschheit anbinden, welche dabei helfen, die Menschheit *auf allen Ebenen ihres Seins* zu befreien.

Der Prozess, der Anfang 2020 begonnen hat, bringt sehr große Veränderungen mit sich, die eine positive Zukunft mit sich bringen. Auch wenn diese Zeit schwierig, chaotisch und turbulent ist, wird die Menschheit dank dieser Phase eine Erhöhung ihres spirituellen Bewusstseins erfahren ...

Und es werden sich ihr Möglichkeiten eröffnen, die sich der Einzelne in seinen kühnsten Träumen nicht vorzustellen gewagt hätte – Möglichkeiten, die der Menschheit helfen, in Glück und Harmonie zu leben.

Diese Zeit lässt alle Strukturen, die der Menschheit nicht mehr dienen, fallen. Diese Zeit lässt die Wesen, die der Menschheit schaden, endgültig gehen. Diese Zeit lässt die Menschheit aus ihrem Schlaf und aus ihrer Starre erwachen.

Eine solche Zeit, wie sie jetzt gekommen ist, in der ihr euch gerade befindet, hat die Menschheit noch nicht erlebt.

Die Menschheit hat bisher noch nie eine solche Situation gekannt. Es kommt zu einem allgemeinen großen Erwachen und zu einer Reinigung jeglicher negativer Strukturen der gesamten Gemeinschaft und jedes Einzelnen kommen.

Jedes menschliche Wesen wird spüren, was seine Aufgabe in dieser Zeit ist. Jedes menschliche Wesen wird Impulse von der göttlichen Intelligenz erhalten, damit es versteht, was nicht zu seiner wahren Realität gehört.

Wir bitten euch alle um verstärktes Durchhaltevermögen und um ein Verständnis eurer Situation. Wir bitten euch darum, alles Negative, was nicht zu euch gehört, abzugeben. Eure Ausdauer wird damit belohnt, dass Freiheit folgen wird und dass die Matrix eures Systems sich in das System dieser Galaxis einfügen wird.

Jeder von euch hat diese Inkarnation hier auf diesem Planeten für sich geplant und jeder von euch war vor seiner Ankunft auf der Erde mit dem genauen Plan und mit dem genauen Ablauf seiner Inkarnation einverstanden. Vielleicht könnt ihr euch das in Momenten ins Gedächtnis rufen, in denen ihr das Gefühl habt, dass euch die Kraft und Motivation, weiter auf eurem Weg zu bleiben, zu verlassen scheinen.

Jeder von euch hat Gespräche mit seinen Lichtbegleitern geführt und mit seinen verstorbenen Familienangehörigen im menschlichen Himmel. Jeder von euch hat Gespräche mit dem kosmischen Lichtrat geführt und jeder von euch hat sich für die Verarbeitung seiner belastenden Themen entschieden, hat sich entschieden, anderen Menschen und Wesen zu helfen … *hat sich für das Finden der Freiheit in seinem Herzen entschieden.*

Jeder gemäß seiner Entwicklung und seinen Möglichkeiten.

Auch wenn sich nicht jeder menschliche Geist an seinen himmlischen Plan erinnert, verbindet eine große gemeinsame Absicht alle Menschen dieses Planeten. Sie lautet, sich an die eigene göttliche Essenz zu erinnern, an die göttliche Essenz in der eigenen Seele, an die Befreiung seiner selbst und die Befreiung der menschlichen Gemeinschaft.

Jeder, wirklich jeder Einzelne von euch gehört zu diesem Plan. Jeder Einzelne, der sich auf diesem Planeten befindet. In dieser Zeit und in diesem Raum.

Seid versichert, dass jeder Einzelne von euch bereits vor seiner Ankunft auf diesem Planeten gewusst hat, dass die Befreiung der Menschheit gelingen wird. Jeder Einzelne von euch wusste, wie der irdische Weg zur Befreiung aussehen würde.

Die momentane Situation ist einer der letzten Versuche der dunklen Mächte, die Menschheit in die Fänge der dunklen Realität zurückzutreiben. Aber auch über diese Situation wart ihr in der himmlischen Dimension informiert.

Jeder von euch, der sich für die jetzige Inkarnation entschied, hat sehr mutig gehandelt. Und jeder von euch hat von der Lichtwelt erhöhte Frequenzen der kosmischen Freiheit in sein System eingegeben bekommen, die ihr oder ihm helfen, sich aus den Fängen der dunklen Mächte zu befreien. Es genügt, sich an diese Tatsache zu erinnern – schon bist du an die Frequenzen der kosmischen Freiheit angebunden!

Werde dir deiner Kraft bewusst und werde dir dieses Geschenkes bewusst, das dir bei der Ankunft auf der Erde mitgegeben wurde. Das euch allen mitgegeben wurde.

Kosmische Freiheit! Das ist der kosmische Schlüssel für die letzte, abschließende Phase der Evolution des menschlichen Wesens!

Macht euch allen bewusst, jeder Einzelne von euch, dass euch die Frequenz der kosmischen Freiheit jederzeit zur Verfügung steht. Ihr braucht diese Frequenz nur in eurem Herzen zu verankern, dann werdet ihr leichter durch diese Inkarnation gehen können, mit Überblick und mit friedlicher und gleichzeitig klarer Besonnenheit!

Erinnert euch an diese Wahrheit: Jeder von euch hatte vor der jetzigen Inkarnation auf der Erde die Möglichkeit, eine vermehrte Anzahl an Lichtwesen zu bitten, sie oder ihn zu begleiten und zu beschützen. Falls du es vergessen hast, rufe gleich jetzt in diesem Augenblick so viele Lichtwesen herbei, wie du brauchst! Rufe die Friedensengel zu dir! Sie bringen dir Frieden in deinem Herzen und in deinem Leben. Allen deinen Liebsten bringen sie Frieden in ihrem Herzen und in ihrem Leben, wenn sie sich erinnern, dass sie in dieser planetarischen Inkarnation von Friedensengeln begleitet werden!

Wir freuen uns auf den weiteren Weg mit dir. Wir freuen uns auf deine Nähe. Wir freuen uns darauf, dass sich durch die folgenden Worte weitere menschliche Wesen an ihre Essenz erinnern und dadurch ihr Bewusstsein anheben. Denkt daran, ihr Bewusstsein trägt zur prozentualen Anhebung der Zahl der Bevölkerung bei, die für die Gesamtbefreiung der menschlichen Gemeinschaft notwendig ist.

Wir freuen uns auf die Arbeit mit dir und auf das Gefühl, das aufkommt, wenn wir uns gemeinsam verbinden, wenn wir einander auf der Ebene der reinsten menschlichen göttlichen Essenz begegnen!

Wir freuen uns auf weitere Abenteuer mit dir!

Wir freuen uns auf deine wunderschöne Zukunft!

Eure plejadische Gemeinschaft

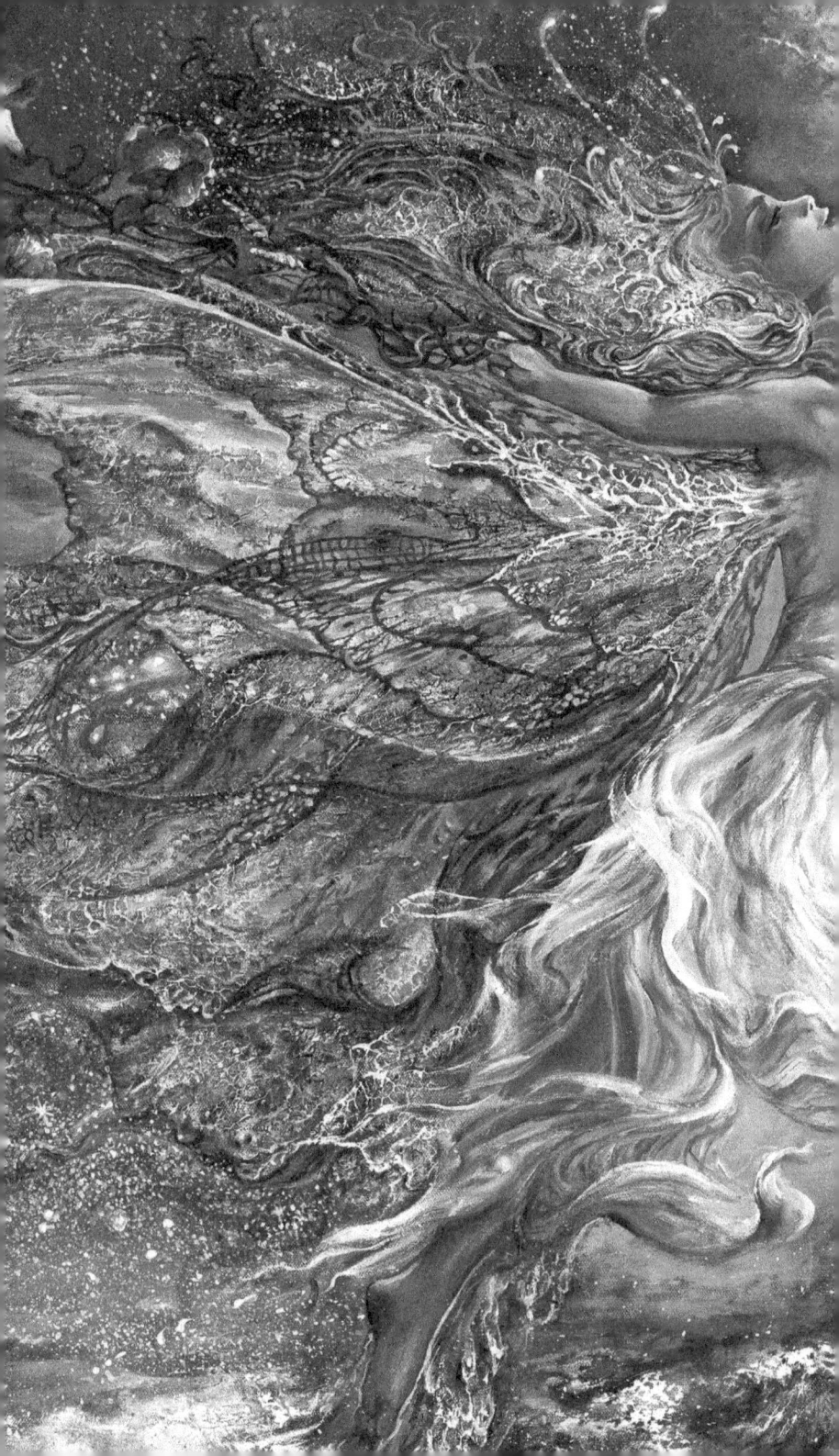

Durchgaben und Übungen zur Neuen Zeit

1

Die Herzenskraft des Menschen

Wir haben nicht geahnt, dass die Herzenskraft eines jeden einzelnen Menschen so groß sein würde. Wir haben nicht geahnt, dass das menschliche Wesen fähig ist, ein solch großes Licht in sich zu entfachen, das in der Lage ist, jegliche Realitäten des Menschen zu durchleuchten.

Wir wussten, dass das menschliche Wesen ungemein strahlend und energetisch machtvoll ist, aber wir hatten keine Ahnung, dass nach der Bewusstseinserweiterung des einzelnen Menschen sein persönliches Licht so magisch und mächtig erstrahlt!

Oftmals haben wir bei Gesprächen mit den Mitgliedern des kosmischen Rates vom erstrahlten menschlichen Herzen gehört. Oftmals wurden wir liebevoll darauf hingewiesen, dass das menschliche Herz, das erstrahlt, eine solche Macht besitzt, dass es Dimensionen, Räume und Zeiten mit anderen menschlichen Wesen verbinden kann, die die gleiche Frequenz ausstrahlen. Von der Kraft und dem Licht des menschlichen Herzens wird im kosmischen Rat und unter anderen außerirdischen Zivilisationen wie von einem Phänomen gesprochen, das jeder von uns sich wünscht zu beobachten und zu fühlen. Auch deshalb inkarnieren so viele Seelen in menschliche Körper. Das menschliche Herz ist ein Phänomen und es ist fast unglaublich, was menschliche Liebe mit dem menschlichen Herzen machen kann. Wie weit und machtvoll sich das Licht ausdehnt, wenn das menschliche Wesen verliebt ist. Wie wunderschön das Herz und das ganze Wesen dieses Menschen strahlen!

In dieser Zeit kommt es zu einer erhöhten Lichtschwingung des Herzorgans und seine Zellqualität vervielfacht sich. Die Zellen im Herzen sind die ersten im menschlichen Körper, die sich, zumindest teilweise, an die göttliche Intelligenz und an das göttliche Licht mit all seinen Informationen angebunden haben. Die Zellen im Herzen sind Vorreiter und ein Vorbild für die anderen Zellen des menschlichen Körpers.

Die Zellen im Herzen, die sich schon gänzlich und vollkommen an das göttliche Licht und seine Informationen angebunden haben, sind zu eigenständigen Universen im menschlichen Herzen geworden. Jede einzelne an das göttliche Licht angebundene Zelle im menschlichen Herzen trägt die Intelligenz der göttlichen Quelle in sich!

Das menschliche Herz ist dadurch an die göttliche Quelle und ihre Informationen, ihr Licht und ihre Energie angebunden und Liebe strömt ununterbrochen zu ihm!

Jede erleuchtete Zelle des menschlichen Herzens trägt das göttliche Bewusstsein in sich. In jeder Zelle befinden sich Informationen über unseren Ursprung und unsere gesamte Existenz. Jede Zelle im Herzen ist eine einzelne, eigenständige Welt und dennoch sind die Welten der erleuchteten Zellen untereinander verbunden.

Jedes Photon – Lichtteilchen – des göttlichen Lichts trägt jegliche Informationen jeglichen Geschehens und Ursprungs dieses unendlichen Universums in sich. Jedes Photon ist in der göttlichen Quelle entstanden und durch seine Intelligenz und sein Licht für immer mit der göttlichen Quelle verbunden. Eure erleuchteten Herzzellen können die Informationen der göttlichen Quelle empfangen und dechiffrieren!

Das Herz des Menschen ist als göttliches Organ in der Lage, fortwährend mit der göttlichen Quelle zu kommunizieren. Jede erleuchtete Zelle dehnt ihr Bewusstsein aus und das Licht des Herzorgans verstärkt sich dadurch immer mehr. Jedes menschliche Herz hat ein eigenes Bewusstsein und enthält seine eigenen Informationen und das Bewusstsein der göttlichen Quelle verbindet es mit den Informationen der göttlichen Frequenzen.

Nahezu jedes menschliche Individuum spricht zum Herzen als ganzes Organ. Es könnte aber, wenn es das möchte, auch mit jeder einzelnen Zelle sprechen, denn jede einzelne Zelle hat ihr eigenes Bewusstsein und ihre eigene Intelligenz.

Die Zellen eures Herzens sind an riesige energetische, morphogenetische Felder eurer menschlichen Herzen angebunden. Es existiert eine unzählige Menge an Feldern menschlicher Herzen. Die jeweilige Lichtfrequenz des Herzens entscheidet darüber, an welches energetische morphogenetische Feld sich der einzelne Mensch anbindet. Dabei hat jeder Mensch die Möglichkeit, sich an jedes Feld anzubinden.

Es liegt allein in seinem Ermessen, inwieweit er seine Existenz und sein Denken zum Positiven verändert. Die reinsten morphogenetischen Felder menschlicher Herzen sind mit der reinsten Essenz der göttlichen Quelle verbunden.

Menschliche Individuen mit erstrahltem und erleuchtetem Herz und mit reinen Gedanken schwingen in einer sehr hohen Lichtfrequenz und binden sich an die reinsten energetischen, morphogenetischen Felder der Menschheit an. Die erleuchteten Zellen, die an die reinste göttliche Quelle angebunden sind, geben ihr Bewusstsein, ihr Licht und ihre Informationen im menschlichen Körper an andere Zellen weiter. Es kommt dann zu einer Kettenreaktion innerhalb der Zellen.

Doch nicht alle Zellen einzelner Stellen oder Organe des Körpers sind aktuell in der Lage, ihre Frequenz anzuheben und ihr Bewusstsein zu erweitern. Einzelne Stellen oder Organe des Körpers haben ihr eigenes Bewusstsein und hatten individuelle Erlebnisse aus vergangenen Zeiten oder Inkarnationen. Deshalb sind einzelne Organe an unterschiedliche kosmische, morphogenetische Felder bestimmter Organe und an Felder von Erlebnissen des jeweiligen menschlichen Individuums angebunden.

Jedes Organ im Körper des Menschen schwingt in einer anderen Farbfrequenz. Jedes Organ ist zudem an den kosmischen Ton angebunden, der den Organen Lebensenergie liefert. Deshalb möchten wir euch hier Informationen geben, die euren einzelnen Organen helfen, ihre Frequenz anzuheben und Heilung zu finden, damit sich das Bewusstsein, die Intelligenz und das Licht der Herzzellen auch auf sie übertragen.

Wenn die Organe belastende Emotionen und Gedanken in sich tragen, ist es ihnen nicht möglich, das Bewusstsein, die Intelligenz und das Licht der Herzzellen aufzunehmen. Wenn der Mensch belastende Emotionen und Gedanken in sich trägt, ist der Körper nicht fähig, den Prozess des Lichtkörpers herbeizuführen. Er wird dann nicht ausgelöst.

Die über dem Kopf des Menschen befindlichen Lichtchakren empfangen zwar seine Urinformationen und die Urfrequenzen der göttlichen Quelle, aber dafür ist sein Körper noch nicht in der Lage, die reinste göttliche Energie zu empfangen.

In den vergangenen Büchern sind wir Schritt für Schritt mit euch vorgegangen und haben eure Herzen und Negativitäten gemeinsam gereinigt. Wir werden weiter mit euch arbeiten, damit die menschliche Materie ihre volle Anbindung an die göttliche Quelle erlebt. Wir werden weiter mit euch voranschreiten, damit eure Materie gänzlich heilen und sich durch ihr Zelllicht mit den reinsten Feldern der göttlichen Welt verbinden kann.

Frieden mit euch, Frieden mit uns.

2

Einführung in die Welt der Chakren und deren Bewusstsein

Die Kraft eures Herzens ist enorm. Die Kraft eures Herzens heilt und harmonisiert alle Räume und Zeiten eurer Realität. Und eben diese Kraft des Herzens hilft euch auch bei den weiteren Schritten eurer spirituellen Heilung.

Die Kraft und Liebe des Herzens, die von der göttlichen Quelle kommt, ist ein Motor. Sie schenkt euch Lebensenergie und eine Verbindung zu euch selbst, eine Verbindung zu eurem Körper, eurem Geist und eurer Seele. Die Kraft und Liebe eures Herzens werdet ihr in diesem Buch oft zur Heilung eurer weiteren Bereiche nutzen.

Im vorigen Buch haben wir die Chakren und ihre Funktion erstmals beschrieben. Wir haben euch kurze Informationen mitgeteilt, die euch dabei helfen, in euren Chakren festsitzende Probleme und Themen umzuprogrammieren. In den folgenden Kapiteln werden wir euch nun gezielte Übungen für eine gute Funktion eurer Chakren an die Hand geben.[*]

---

[*] Siehe hierzu die CD *Heile deine Chakren*, deren Übungen wir dem vorliegenden Buch entnommen haben. Sie ist auch als Download auf allen gängigen Plattformen verfügbar und wurde von Pavlina selbst eingesprochen,

Nach der Reinigung und Umprogrammierung eurer Chakren auf das Positive befreit ihr eure Seele und euren Geist. Und eure Organe binden sich an kosmische morphogenetische Felder an, die für die einzelnen Organe zuständig sind. Eure Organe werden in der Lage sein, mit der kosmischen Intelligenz zu kommunizieren. Über die morphogenetischen Felder wird ununterbrochen Lebensenergie zu den Organen fließen.

Ein Mensch, der auf diesen Planeten namens Erde inkarniert, nimmt seine vollkommene Anbindung an die Systeme der umgebenden Planeten und an die Systeme dieser Galaxis hierher mit. Darüber hinaus wird er bei seiner Inkarnation an die Systeme des Planeten Erde angebunden.

Belastungen, die der Mensch über die Zeit seiner Inkarnationen auf der Erde angesammelt hat, bringen seine Matrixordnung durcheinander und das energetische System des Menschen fängt an zu kollabieren. Das liegt daran, dass er Belastungen aus vergangenen Inkarnationen mitgebracht hat. Ganze Informationssysteme wurden über morphogenetische Felder auf den Menschen übertragen. Man könnte sagen, dass sie sich von Inkarnation zu Inkarnation ständig mit dem Menschen mitbewegen, bis der Mensch sie bemerkt oder erkrankt und anfängt, etwas mit den negativen Informationen zu machen. Solange der Mensch sie nicht bemerkt, bewegen sie sich in seiner Nähe oder sitzen in bestimmten Dimensionen, Zeiten und Räumen seiner Realität fest.

Negative Belastungen, über die wir immer wieder informiert haben, können große Schäden im Leben eines jeden einzelnen Menschen verursachen und ebenso in der Gesamtexistenz der menschlichen Gemeinschaft, da alle Menschen miteinander verbunden sind. Doch glücklicherweise trägt der Mensch auch alle positiven Informationen von Inkarnation zu Inkarnation

---

ergänzt durch entspannende Klänge von Sayama, der alle CDs von Pavlina musikalisch begleitet. Hörproben findest du auf www.AmraVerlag.de.

mit sich, was es erleichtert, sich von den negativen Belastungen zu befreien. Diese Zeit ist wichtig für die energetische Wiedergutmachung, damit sie sich positiv im physischen Geschehen des Menschen widerspiegeln kann.

In früheren Zeiten hat niemand die negativen Informationen in seinem System bemerkt und man hat sein Schicksal, das häufig nicht besonders rosig aussah, einfach hingenommen. Doch in dieser Zeit erwachen viele Bewohner dieses Planeten und begreifen, dass eine energetische Wiedergutmachung ihrer eigenen Existenz und der Existenz der Menschheit unausweichlich ist. Und jeder Mensch, der Schritte zur Heilung seiner Realität tut, unternimmt damit auch etwas für die Heilung der Realität der Menschheit.

Versteht ihr? Wenn sich der einzelne Mensch mit den Bewusstseinsfeldern seiner eigenen makellosen Existenz verbindet, beginnen die Systeme anderer menschlicher Wesen zu heilen. Ihr heilt euch auf diese Weise gegenseitig. So wird die Menschheit nach und nach zu ihrer Essenz und ihrer vollkommenen Ordnung zurückkehren können.

Die frequenzmäßige und lichtvolle Anbindung an die umgebenden Planeten und ihre Systeme ist dabei unermesslich bedeutsam. Eine solche Anbindung ist wesentlich für das Gesamtsystem und die Gesamtordnung des Menschen. Wenn der Mensch lernt, die aus dem Kosmos kommende Energie aufzunehmen, gibt ihm das energetisch Kraft. Die Bedeutung des Lichts und der Frequenzen von Planeten, die dem menschlichen Körper energetisch Kraft geben, sollte niemals in Vergessenheit geraten. Ein guter Empfang der kosmischen Lebensenergie ist essenziell für das optimale Funktionieren der Chakren.

Ein gutes Funktionieren eurer Chakren hilft euch bei eurer Bewusstseinsentwicklung. Die Informationen der göttlichen Intelligenz können dann gezielt zu euch strömen und die Chakren können sie leichter dechiffrieren. Eure Chakren sind wie dechiffrierende lichtvolle »Organe« für die Informationen der göttlichen Intelligenz.

Bislang sind die Chakren des menschlichen Körpers mehr oder weniger mit Problemen und Themen irdischer Inkarnationen verstopft und verunreinigt. Ihr gutes Funktionieren beschleunigt eure persönliche spirituelle Bewusstseinsentwicklung, weil die Lichtinformationen, die zu den Chakren kommen, sofort mit der Seele, dem Geist und dem Körper des Menschen kommunizieren können. Die ursprüngliche Funktion der Chakren – der Empfang von Lichtinformationen – wird ihnen wieder möglich werden.

Das Licht in euren Chakren dreht sich in Spiralform. Jede Drehung eurer Chakren verbindet euch spiralförmig mit weiteren Welten und Universen eurer Existenz sowie mit der Gesamtexistenz der Unendlichkeit. Jedes Chakra ist ein Zugang zu anderen Welten eurer Existenz, von denen ihr vielleicht keine Ahnung hattet. Jedes Chakra ist ein Tor, das sich nach dem Lösen von Blockaden alter, fehlerhafter Programme öffnet. Chakren sind aber auch Tore zu den Welten eurer unverarbeiteten Themen oder Emotionen und weiterer Energiefelder, die euch mit diesen Negativitäten verbinden.

In einem blockierten Chakra dreht sich die Energie allerdings nicht spiralförmig. Meistens ist die Energie dann nahezu statisch, unbeweglich. Diese Unbeweglichkeit verhindert, dass ihr euch mit der Unendlichkeit des unendlichen Geschehens der universellen Existenz verbinden und mitbewegen könnt. Doch bei guter Funktion sind eure Chakren Lichtportale, über die ihr virtuell in andere Welten und in andere Realitäten reisen könnt. Dazu genügt es, sich mit dem einzelnen Chakra – dem Portal – zu verbinden.

Jedes Chakra ermöglicht euch den Einstieg in Welten unterschiedlicher Dimensionen. Ihr könnt durch sie virtuell in die Vergangenheit und in die Zukunft reisen. Ihr könnt mit ihrer

Hilfe aber auch die Kraft des Augenblicks nutzen und euch mit eurer Gegenwart verbinden.

Die Portale eurer Chakren verbinden euch mit eurer Seele, eurem Geist, eurem Körper und mit dem weiteren Geschehen eurer feinstofflichen und physischen Welt. Bei der Anbindung durch eure Chakren gelangt ihr in Realitäten für eure Heilung, von denen ihr nie zu träumen gewagt hättet. Es genügt, in den Raum des einzelnen Chakras einzusteigen.

Wie ihr vielleicht wisst, hat jedes Chakra seine ganz typische Farbe und seine eigene Schwingung. Die Welten, die sich in euren Chakren befinden, weisen unter positiven Umständen genau diese typische Farbe und Schwingung auf. Unter negativen Umständen, wenn Themen unverarbeitet geblieben sind, werden sie im Gedächtnis derjenigen Chakren abgelegt, die ihnen in ihrer Farbe und Schwingung entsprechen. Dies geschieht bei unverarbeiteten Themen eurer vergangenen Inkarnationen ganz genauso wie bei unverarbeiteten Themen aus der Vergangenheit dieser Inkarnation. Sie werden im Gedächtnis bestimmter Chakren abgelegt. Und es ist nicht nur die Schwingung eurer unverarbeiteten Emotionen und Gedanken, die dann in diesen Chakren gespeichert werden, es sind auch die unverarbeiteten Themen anderer Menschen, mit denen ihr im Laufe eures Lebens etwas zu tun hattet.

Wer lernt, sich zwischen den Toren seiner Chakren zu bewegen und Informationen gleich welcher Art wahrzunehmen, wird feststellen, dass die darin enthaltenen Welten sich mit den Welten der anderen Menschen oder Wesen verbinden und diese sich abermals verbinden mit weiteren Welten wieder anderer Menschen und Wesen, die ähnliche Themen in sich tragen. Wenn ihr euch in den Welten eurer erleuchteten und geheilten Chakren bewegt, verbindet ihr euch mit den wunderschönsten Lichträumen und Naturreichen in wundervollen Farben, Formen und Lichtschwingungen, besiedelt von Lichtwesen. Und diese Wesen verbinden euch mit weiteren wundervollen Lichtwesen und Lichtwelten.

Die Welt eurer Chakren verbindet euch mit eurer Innenwelt und mit eurem Innenleben, das gleichermaßen mit der umgebenden Lichtwelt wie mit dem umgebenden physischen Leben verbunden ist. Ihr tragt die Verbindung zu eurem eigenen Universum, das euch mit dem Universum der göttlichen Quelle verbindet, buchstäblich in euch.

Die Welt eurer erleuchteten Chakren verbindet euch mit eurer erleuchteten Zukunft hier auf der Erde und mit der Zukunft eurer Existenz im menschlichen Himmel oder eurer persönlichen lichtvollen Heimat. Man könnte sagen, dass ihr durch die Arbeit an euren Chakren günstige Bedingungen für den Aufenthalt in eurer Lichtheimat nach dem Fortgang aus eurer Körperhülle schafft. Ihr erschafft euch Lichtwelten, die euch nach dem Verlassen dieses Planeten augenblicklich durch die Lichtwesen gezeigt werden und die eurer friedlichen Ruhe in den himmlischen Dimensionen dienen werden.

Jede energetische Arbeit durch euch wird in eurem System kodiert, jeder positive Gedanke und jede positive Emotion. Jedes Positivum hilft euch dabei, eure Zukunft hier auf der Erde und die Zukunft in eurer Lichtwelt zu heilen.

Eure energetische Arbeit hilft euch, den schweren Rucksack eures Schicksals, den ihr von Inkarnation zu Inkarnation getragen habt, endlich etwas leichter zu machen. Sie hilft euch, dass die jetzige und die folgenden Inkarnationen erleuchteter, freudvoller und glücklicher sind.

Frieden mit euch, Frieden mit uns.

Orella und ihre Botschaft »Die Wahrheit siegt«

Schon eure alten Mythen berichten, dass Chakren Tore in die inneren Welten und in die Räume des eigenen Wissens sind. Aber es geriet in Vergessenheit, dass jeder Einzelne von euch ein Schlüssel zu dem alten Wissen ist, nach dem sich die Menschheit sehnt. Jeder Einzelne von euch trägt den Schlüssel zu seinem Wissen, zum Wissen der göttlichen Quelle und zum Gesamtwissen in sich. Jeder Einzelne von euch ist damit ein Schlüssel zum Übergang in die positive Zukunft der menschlichen Gemeinschaft.

In dieser Zeit werdet ihr alle wieder bewusst zu jenem kostbaren Schlüssel, der die positive Zukunft auf diesem Planeten öffnet.

Jeder Mensch, der wenigstens einen Teil der Wahrheit der göttlichen Intelligenz und einen Teil der Wahrheit über die Geschichte und das wahre Wissen der menschlichen Gemeinschaft gefunden hat, begann seine persönliche Zeitlinie, die für die menschliche Gemeinschaft durch die göttliche Intelligenz entwickelt wurde.

Die Zeitlinie, die von den dunklen Mächten erschaffen wurde und die menschliche Gesellschaft ins Verderben führen sollte, exis-

tiert nicht mehr. Um Ostern des Jahres 2020 herum wurde sie transformiert.

Die göttliche Intelligenz hat eine neue Zeitlinie geschaffen, welche die Menschheit wachsen und sich so entwickeln lässt, wie es der Menschheit dienlich ist. Diese Zeitlinie ist momentan noch sehr chaotisch, weil die alten nicht funktionierenden Systeme, die von den dunklen Mächten erschaffen wurden, zunächst gestürzt werden müssen, damit wieder stabile Systeme entstehen können. Aber diese neue Zeitlinie bringt der Menschheit nicht nur große positive Veränderungen, sondern auch das verlorene Wissen zurück, das die Grundlage dafür bildet, dass die menschliche Gemeinschaft sich erfolgreich und in die richtige Richtung entwickeln kann.

Viele Menschen und Wesen suchen nach dem alten Wissen von Lemurien und Atlantis. Sie suchen nach dem Wissen aus den Zeiten, als die Menschen Telepathie und Teleportation beherrschten und geistig Gegenstände bewegen konnten.

Viele Menschen haben vergessen, dass sich dieses Wissen in ihrem Energiekörper verbirgt, in ihren Systemen und Chakren, und dass jeder von ihnen Zugang dazu hat. Es wurde in verschiedenen »Dimensionssträngen« abgelegt, die der Mensch jederzeit abrufen kann. Doch damit ihr euer eigener Schlüssel zu eurem eigenen Wissen und zum Wissen des menschlichen Kollektivs sowie zum Wissen der göttlichen Intelligenz werdet, ist es erforderlich, eure Chakren energetisch zu reinigen. Und euer Herz!

Wenn ihr euch wenigstens teilweise an eure eigene göttliche Essenz erinnert, an diese göttliche Essenz, die jeder von euch in sich trägt, bringt das die Erinnerung an die eigene göttliche Wahrheit und an die eigene Intuition zurück.

Die Manipulation hat in letzter Zeit so sehr zugenommen, dass es einer Reinigung eurer Chakren bedarf. Die Manipulation kann sich nur dann nicht in euer System einschleichen, wenn eure Intuition euch mit der göttlichen Wahrheit verbindet. In der göttlichen Wahrheit existieren Manipulation und destruktive Gedanken nicht.

Die Wahrheit, die momentan verstärkt an die Oberfläche kommt, stärkt immer mehr die energetische Verbindung mit der positiven Zeitlinie der Menschheit.

Jeder von euch trägt sie in sich, die Wahrheit, die göttliche Wahrheit und die Intuition.

Es genügt, sich daran zu erinnern, wer du bist.
Es genügt, sich daran zu erinnern, warum du hier bist.
Es genügt, sich daran zu erinnern, warum du auf diesen Planeten gekommen bist.

Wahrheit begleitet euch in eurem gesamten Erdenleben und lässt euch in den Situationen eures Lebens so handeln, wie es für euch gerade wichtig ist. Sie ist eine ganz außerordentliche Komponente, die Wahrheit, die jeder Mensch in seinem System trägt. Verbindet sie sich mit der Wahrheit der göttlichen Intelligenz, so verbindet sie euch mit jeglichem Geschehen dieses unendlichen Universums.

Manipulation hat eine dunkle Energie. Im Gegensatz zur göttlichen Wahrheit, die jeder von euch in sich trägt, schwingt sie in einer sehr niedrigen Frequenz. Wahrheit, die göttliche Wahrheit und Gerechtigkeit, weist äußerst hoch schwingende Lichteinheiten auf, die den Schlüssel zur positiven Zukunft der Menschheit herumdrehen.

Die Wahrheit, die Schritt für Schritt an die Oberfläche gelangt, breitet schon sehr bald ihr Licht auf der ganzen Oberfläche dieses wunderschönen Planeten aus. Das Licht der Wahrheit entfacht die Flamme eines riesigen, mächtigen Lichts in den menschlichen Herzen, die der erste und wichtigste Zugang zu den Toren der kosmischen Welt sind. Und gleichzeitig ist es ein Zugang zum kollektiven Bewusstsein der Menschheit.

Die Kettenreaktion, die sehr bald einsetzen wird, verbindet einzelne menschliche Wesen mit der Flamme der Wahrheit im

Herzen zu einem riesigen Energiefeld, das sich an die Wahrheit der göttlichen Intelligenz anbindet.

Das Wissen und die Wahrheit trägt jeder in sich, in seinem System, in seinem Energiekörper, in seinem menschlichen Körper. Es ist nur erforderlich, euer Wissen zu entschlüsseln!

So lange habt ihr auf dieses Wissen gewartet und euch darauf vorbereitet, euch mit den Informationen eures eigenen Wissens und des Wissens der Menschheit zu verbinden. Kraft eures gereinigten Herzens und eurer gereinigten Chakren verbindet ihr euch jetzt mit den morphogenetischen Feldern eures eigenen Wissens, des Wissens der Menschheit und des Wissens der göttlichen Intelligenz. *Ihr selbst seid euer Schlüssel und damit der Zugang zu allen Bereichen des Wissens.*

Die Matrix der dritten Bewusstseinsebene wird sich bald von der menschlichen Gemeinschaft verabschieden. Die Matrix begrenzter Möglichkeiten für die menschliche Seele, den Geist und Körper verlässt den Planeten Erde und seine Bevölkerung. Ostern 2020 war für diese Entwicklung ein äußerst wichtiger Meilenstein.

Die dritte Bewusstseinsebene existiert auf diesem Planeten zwar noch, aber die fünfte Bewusstseinsebene wurde durch die Menschen bereits entwickelt. Die dritte Ebene wird nach einer gewissen Zeit in Licht transformiert werden. Der Ausstieg aus der dunklen Manipulation und aus den Lügen wird sich schon bald verwirklichen. Es hängt davon ab, wie schnell sich die Menschheit *erinnern* wird.

Jeder von euch, der sich entschieden hat, sein Licht und seine Liebe auf diesen Planeten zu bringen, ist unentbehrlich. Jeder von euch hilft der Gesamtentwicklung der Menschheit.

Wir danken dir schon jetzt für deine zukünftige Arbeit an deiner spirituellen Entwicklung und für deine persönliche Erinnerung, die auch deinen Nächsten einen Nutzen bringt.

Wir danken dir sehr für deine Entscheidung.

Wir danken dir dafür, dass du dich energetisch von diesem Buch angesprochen fühlst und deshalb eine energetische Verbindung und den Dialog mit uns eingegangen bist.

Jeder von euch, der mit uns in energetischer Verbindung steht, erhöht und verstärkt automatisch die Anbindung zur kosmischen Welt und zur plejadischen Energie.

Vor allem aber erhöht er die Liebe, die heilsamste und mächtigste Größe, die es gibt.

Wir danken euch für eure Hilfe!
Eure **Orella**

4

Die Chakren, ihre Welten und geeignete Übungen für ihre Heilung

Lasst uns jetzt zum gezielten Heilen eurer Chakren übergehen, jener energetischen Organe, welche den Übergang der Informationen vom feinstofflichen zum physischen Körper des Menschen ermöglichen. Macht euch bitte bewusst, dass die Chakren die Grundlage zur Heilung aller Systeme eures Körpers, Geistes und eurer Seele sind. Sie sind die Grundlage für die Heilung des Menschen auf allen Ebenen seines Seins und seines Lebens.

Im Laufe des Lebens nehmen die Chakren destruktive energetische Informationen auf, was immer auch die Funktionen der jeweils zugehörigen materiellen Organe schwächt. Manche angesammelten Probleme setzen sich oftmals thematisch in mehreren Chakren auf einmal ab. Häufig fließen Emotionen und Gedanken im System dann ineinander. Deshalb ist es sinnvoll, immer möglichst alle Chakren gleichzeitig zu reinigen und sich nicht nur auf ein Chakra zu fokussieren, von dem ihr wisst, dass es in seiner Funktion belastet ist.

Eine Ausnahme, die nicht in den Bereich der Heilung eures Gesamtsystems mit Hilfe von gereinigten Chakren fällt, sind energetische Implantate. Sie wurden den Menschen durch dunkle Mächte übergeben. Wenn man dieses Problem etwas genauer betrachtet, hätten die energetischen Implantate, wären die Chakren durchleuchtet gewesen, gar nicht erst auf den Menschen übertragen werden können. Die dunklen Wesen bedienten sich beim Übertragen der Implantate eines energetischen Schlupflochs, durch das sie in das System des Menschen vordrangen. Dieses »Schlupfloch« hat die Aura an dieser Stelle etwas durchlässiger gemacht, so dass die dunklen Wesen in das System gelangten. (Eine geeignete Affirmation zur Entfernung energetischer Implantate findest du in Kapitel 18 des Plejadenbuchs 6. Die Erklärungen der einzelnen Chakren und ihrer Wechselwirkung mit der sie umgebenden Welt sowie Affirmationen zu ihrer Stärkung findest du dort in Kapitel 9.)

Bei der Arbeit mit den Chakren werden wir dich energetisch begleiten. Wir stellen dir meditative Übungen zur Verfügung. *Jedes Wort dieser Übungen wird energetisch positiv aufgeladen und auf deine Schwingung abgestimmt sein. Deine Absicht ist für deine Heilung entscheidend.* Du kannst die Übungen bei Bedarf einzeln oder alle auf einmal durchführen, je nach deiner Intuition. Diese energetische Arbeit ist tief reinigend und kann daher sehr stark sein, so dass du dir danach unbedingt etwas Ruhe gönnen solltest.

Schreibe bitte vor jeder meditativen Übung die Zahlenreihe **3717** auf ein Blatt Papier, das du in deiner Nähe aufbewahrst. Du kannst sie auch auf Wasser übertragen. Stelle dazu ein Glas Wasser auf diese Zahlenreihe und lasse sie mindestens drei Minuten lang wirken. Oder du visualisierst sie oder sprichst sie laut aus. Diese Zahlenreihe verbindet dich mit unserer plejadischen Heilenergie, mit unserer Liebe und unserer Frequenz. Zudem schützt sie dich beim Verarbeiten bestimmter Themen vor unerwünschten Fremdenergien und unterstützt dich energetisch bei deinem Heilungsprozess. Darüber hinaus verbindet sie dich auch mit der Frequenz des Vertrauens. Vertrauen ist in dieser Zeit unglaublich wichtig.

Du kannst auch eine Kerze anzünden, damit du für die Lichtwesen gut sichtbar bist.

Aktivierung der Heilfrequenzen in den Chakren deiner Handflächen

Aktiviere vor jeder Übung die Chakren deiner Handflächen, um die Heilung deiner Hauptchakren zu unterstützen. Lege deine aktivierten Hände auf deine Hauptchakren auf. Dazu reibst du deine Handflächen aneinander, bis sie warm werden.

Drehe deine Handflächen anschließend nach oben. Verbinde dich mit allen Lichtwesen, die dir bei der Aktivierung helfen können. Verbinde dich mit uns, wenn du möchtest.

Und dann sprichst du die folgenden Worte ...
»Ich bitte um Aktivierung der kosmischen Heilfrequenzen in den Chakren meiner Handflächen. Meine Absicht ist rein und klar. Die Aktivierung findet jetzt und in diesem Raum statt. Zeit und Raum sind eins.

3717. 3717. 3717.

Danke, danke, danke.«

Lasse die Lichtwesen und uns, wenn du möchtest, mindestens drei Minuten lang wirken.

Danach sind deine Handflächen aktiviert.

Wenn du jetzt zu einem bestimmten Chakra übergehst, lege dir vor jeder einzelnen Übung Stift und Papier bereit, damit du aufzeichnen kannst, was du bei der Arbeit mit dem Chakra spürst, wahrnimmst oder siehst. Falls du während der Übung keine bewussten Informationen empfängst, macht das nichts. Dein Geist und deine Seele nehmen die Informationen, die das Bewusstsein deiner Chakren dir während der Übung überträgt, auf und werden sie dir zur richtigen Zeit übergeben. Bleibe im Vertrauen.

Vor der Arbeit und vor allem nach der Arbeit mit den Chakren ist es wichtig, sehr viel Wasser zu trinken. Dein System wird Schadstoffe abgeben, die mit den jeweiligen Themen im Körper in Zusammenhang stehen. Wenn du reichlich Wasser trinkst, hilfst du damit deinen Zellen, angesammelte Gifte loszuwerden, und deine Zellen können sich wieder regenerieren. Das Trinken von Wasser ist bei jeder energetischen Arbeit besonders wichtig.

Und jetzt beginnst du mit der Reinigung des Chakras deiner Wahl …

Die Lichtchakren unter deinen Füßen

Die Lichtchakren unter deinen Füßen verbinden dich mit der Weisheit und dem Licht der Erdenseele Gaia. Sie verbinden dich mit dem Wissen, das die Menschheit in die Erde einkodiert hat. Gleichzeitig bist du über sie mit den Meridianen der Erdkugel und mit den Kristallnetzen verbunden, die den Planeten Erde mit den Kristallnetzen dieser Galaxis verbinden. Die Lichtchakren verbinden dich mit den Lichtwesen, die sich im Inneren der Erde befinden. Zu ihnen gehören auch Wesen, die für die

Kristallreiche in der Erde zuständig sind, Wesen, die für unterirdische Bereiche des Goldes und der Mineralien zuständig sind, und unzählige weitere Wesen, die für alle Bereiche und Welten im Erdinneren zuständig sind. Auch in unterirdischen Städten befinden sich Engel und Lichtwesen und eine große Anzahl von ihnen ist für die Erdenseele Gaia zuständig.

Das Wissen und der Zugang zu den Informationen, die in der Erde gelagert sind, werden sich der menschlichen Gemeinschaft nach dem Jahr 2021 eröffnen. Die Informationen und das Wissen für die Neue Zeit, die aus Lemurien und Atlantis stammen, werden der Menschheit durch die Lichtwesen, die dieses Wissen im lichtvollen Erdinneren hüten, zur Verfügung gestellt. Wichtig für die Gesamtentwicklung der Menschheit ist, dass dieses Wissen nicht missbraucht wird. Die Kommunikation zwischen Gaia und den Menschen wird ständig zunehmen. Die Erinnerung der Menschheit an ihr natürliches Wesen und ihre Essenz wird den Zugang zu uralten Informationen ermöglichen.

Der Mensch wird sich mehr und mehr an die spirituelle, lichtvolle Verbindung mit der Erdenseele Gaia erinnern, die im Moment seiner Inkarnation auf der Erde entstand. Jeder Mensch war bei seiner Ankunft auf diesem Planeten an die Liebe, das Licht und an jegliche Informationen und Frequenzen angebunden. Wenn der Mensch sich daran erinnert, wird sein Herz erstrahlen, und dadurch entsteht eine Herzensverbindung zwischen dem Menschen und dem Bewusstsein von Gaia. Die Lichtchakren unter deinen Füßen erstrahlen lichtvoll und nehmen ihre Weisheit, ihr Bewusstsein und ihre Liebe auf.

Je reiner das Herz ist, desto größer ist die lichtvolle Intensität der Lichtchakren unter deinen Füßen und desto einfacher ist der Zugang zu den Informationen von Gaia. Dein reines Herz erhöht das Licht und die Energie in allen Chakren.

Aufenthalte in der Natur sind für eine gute Funktion dieser Chakren unverzichtbar.

ÜBUNG *für die Lichtchakren unter deinen Füßen*

Visualisiere oder sprich drei Mal die Zahlenreihe 3717.

Stelle dir vor, dass du dich an einem Ort in der Natur befindest, der vom Menschen ganz und gar unangetastet ist. An diesem Ort ist die Natur noch rein und unberührt. Atme an diesem Ort tief und entscheide dich für die Heilung deiner sieben lichtvollen Chakren, die sich unter deinen Füßen befinden.

Konzentriere dich auf deine lichtvollen, golden-kupferfarbenen Chakren, die sich unter deinen Füßen befinden. Beobachte, wie sich diese Chakren lichtvoll ausdehnen. Ihr Licht verbindet dich mit Energiebahnen – feinstofflichen Meridianen, die deinen energetischen und physischen Körper beleben.

Du spürst, wie goldene Linien deinen Körper durchströmen. Ihr Licht verbindet dich mit den Lichtwesen im Inneren dieses Planeten. Das Licht deiner Chakren verbindet dich auch mit den morphogenetischen Feldern des Wissens der Menschheit, das von den Vorfahren der Menschheit vor Urzeiten im Inneren der unterirdischen Bereiche abgelegt wurde.

Und jetzt steigt das Wissen der Menschheit durch deine Lichtchakren zu deinem Geist auf. Dein Geist nimmt dieses Wissen auf und übergibt es dir zur richtigen Zeit.

Verbinde dich mit dem Licht, der Liebe und der Weisheit der Erdenseele Gaia. Auch ihr Wissen steigt durch deine Lichtchakren zu deinem Geist auf.

Bedanke dich bei Gaia für ihre Existenz. Segne sie.
Und jetzt atme wieder tief.

Verbinde dich mit dem Bewusstsein deiner Lichtchakren. Beobachte, was für eine Welt und welche Lichtwesen sich in der Welt deiner Chakren befinden.

Frage nun das Bewusstsein deiner Lichtchakren ...
»Habt ihr eine Botschaft für mich?
Was kann ich für meine Bewusstseinsentwicklung tun?
Was kann ich für die Anbindung an die Lichtwelt und an die im Inneren der Erde befindlichen positiven Frequenzen tun?
Ich empfange alle Informationen mit Dankbarkeit.
Danke, danke, danke.«

Durchleuchte nun deine Chakren unter deinen Füßen zu ihrer energetischen Unterstützung mit golden-kupferfarbenem Licht. Stelle dir vor, dass sich wunderschöne, durchsichtige Kristalle in diesen sieben Chakren befinden.
Sende die Liebe deines Herzens zu ihnen aus.
Segne sie und segne dich selbst auf allen Ebenen deines Seins.
Lasse dir Zeit. Falls du Informationen erhalten hast, schreibe sie auf.

Das Wurzelchakra

Das Wurzelchakra verbindet dich mit der Erde, vor allem mit ihrer Oberfläche und mit allen Naturreichen. Es verbindet dich mit den Elementen der Erde. Es verbindet dich mit dem Festland wie auch mit den Wasserflächen der Erde. Über dieses Chakra bist du mit dem *physischen* Erdinneren verbunden – im

Gegensatz zu den Lichtchakren unter deinen Füßen, die dich mit den feinstofflichen Welten des Erdinneren verbinden.

Die Frequenz der Erde erhöht sich unablässig.

Dadurch lösen und zeigen sich im Wurzelchakra des Menschen einkodierte Blockaden. Themen treten zutage, die den Menschen im natürlichen Heilungsprozess und in seinem Vertrauen auf den natürlichen, vollwertigen Verlauf seiner Inkarnation hier auf der Erde blockieren. Sie werden gerade stärker denn je aufgezeigt, denn der Mensch hat jetzt die Möglichkeit, sie wie einen Aufruf zu betrachten und sie sich genauer anzusehen. Hinter den aufgezeigten Themen steht die Angst um die eigene Existenz. Sie wurde dem Menschen künstlich eingegeben und kann in dieser Zeit durch die erhöhte Frequenz der Erde sehr schnell verarbeitet und im Licht sowie in der Energie der Erde transformiert werden.

Im Wurzelchakra ist Zukunftsangst kodiert. Sich ständig wiederholende Muster der Zukunftsangst verengen dieses Chakra und dem Menschen wird buchstäblich »der Boden unter den Füßen weggerissen«. Er verliert den Kontakt zu Mutter Erde und auch den Kontakt zu seiner Lebenskraft, die ihm Mutter Erde überträgt. Unsicherheit darüber, was das irdische Leben bringen wird, geringes Vertrauen in die Zukunft, verbindet den Menschen obendrein mit niedrig schwingenden Frequenzen, die sich auf der Erdoberfläche abgesetzt haben. Das Wurzelchakra überträgt diese niedrig schwingenden Frequenzen über den Wirbelsäulenkanal in das ganze System des Menschen. Verwende bei einem Mangel an Vertrauen am besten die Zahlenreihe **3717**. Sie hilft dir Kraft und die Sicherheit zu erlangen, dass deine Inkarnation hier auf der Erde immer positiv verlaufen wird. Sie bringt dir das Vertrauen zurück – Vertrauen in dich selbst und in dein Handeln hier auf der Erde.

Viele in Großstädten lebende Menschen weisen im Wurzelchakra größere Belastungen auf, weil sich darin an der Erdoberfläche gesammelte negative Energien und eine Frequenz der Angst halten. Bei Menschen, welche in energetisch belasteten Häusern leben, die zum Beispiel auf ehemaligen Friedhöfen, Hinrichtungsstätten oder an rituellen Orten gebaut wurden, ist dieses Chakra in der Regel ebenfalls belastet. Wenn sich an solchen Orten zusätzlich noch menschliche Seelen befinden, die bisher nicht ins Licht gegangen sind, wird das Gesamtsystem des betreffenden Menschen abermals belastet.

Die Zahlenreihe **131** hilft bei der energetischen Reinigung des Wurzelchakras. Sie verbindet dich mit der Reinheit, Energie und Heilkraft aller Wasserflächen dieses Planeten, auch mit allen Lichtwesen der Natur und den Delfinen, die dem Menschen Heilung, Leichtigkeit und eine Anbindung an die göttliche Quelle und ihre Fülle bringen.

ÜBUNG *für das Wurzelchakra*

Visualisiere oder sprich drei Mal die Zahlenreihe 3717.

Führe die Aktivierung der Heilfrequenzen in deinen Handflächen durch.

Dann lege die Hände an dein Wurzelchakra. Atme tief und konzentriere dich auf dein Wurzelchakra.

Durchleuchte es gedanklich mit rotem Licht. Diese Farbe verbindet dich mit der Kraft und Energie der Erde.

Rufe die lichtvollen Naturwesen zu dir, die dich mit dem Naturreich und seiner Heilkraft verbinden. Rufe die Delfine zu dir, die dir helfen, dein Chakra mit der Kraft und Reinheit der Ozeane und mit dem Element Wasser zu durchleuchten.

131. 131. 131.

Verbinde dich kraft deines Herzens mit der Erde und bitte die Seele der Erde, Gaia, dein Chakra mit der Kraft ihres Herzens zu reinigen. Die Heilenergien aller lichtvoller Naturwesen verbinden sich in deinem Wurzelchakra und reinigen es.

Und dann sprichst du die folgenden Worte …
»Ich trenne mich kraft meiner Absicht, jetzt und in diesem Raum, von allen Belastungen, negativen Emotionen und Gedanken, die mein Chakra verschlossen haben.

Ich trenne mich, jetzt und in diesem Raum, von allen Frequenzen der Angst, die künstlich auf mich übertragen wurden.

Ich trenne mich jetzt und in diesem Raum von allen Belastungen, von allen negativen Emotionen und Gedanken, in allen Zeiten und in allen Räumen meiner Gesamtexistenz.«

Atme tief und lasse alle Negativitäten gehen.

Konzentriere dich erneut auf dein Wurzelchakra und verbinde dich mit seinem Bewusstsein. Beobachte, was sich in der Welt dieses Chakras abspielt und welche Lichtwesen sich darin befinden.

Frage nun das Bewusstsein deines Wurzelchakras …
»Hast du eine Botschaft für mich?
Was kann ich für deine Heilung tun?
Was kann ich für meine Bewusstseinsentwicklung tun?
Ich empfange alle Informationen mit Dankbarkeit.
Danke, danke, danke.«

> Durchleuchte dieses Chakra noch einmal mit klarem roten Licht und stelle dir vor, dass sich ein wunderschöner durchsichtiger roter Kristall in diesem Chakra befindet.
>
> Sende die Liebe deines Herzens dorthin aus.
>
> Segne es und segne dich selbst auf allen Ebenen deines Seins.
>
> Lasse dir Zeit. Falls du Informationen erhalten hast, schreibe sie auf.

Das Sakralchakra

Über das Sakralchakra sind alle Frauen der Erde miteinander verbunden, genau wie über ihre gemeinsamen morphogenetischen Felder. Alle Männer dieses Planeten sind über dieses Chakra und die gemeinsamen Felder der Männer miteinander verbunden. Ebenso sind alle Kinder bis zum Alter von etwa zwölf bis dreizehn Jahren über das Sakralchakra und das entsprechende Feld der Kinder miteinander verbunden. Bis zum Alter von zwölf bis dreizehn Jahren sind Kinder außerdem noch energetisch mit ihrer Mutter verbunden. Danach beginnen sich die Wege zu trennen und die Kinder binden sich an das morphogenetische Feld der Frauen oder der Männer an.

Im Sakralchakra sind alle Verletzungen, die die menschlichen Wesen durch Manipulation, sexuelle Gewalt und Missbrauch hier auf der Erde erlebt haben, einkodiert.

Auch nicht verarbeitete Emotionen hinsichtlich der Eltern und der nächsten Familienangehörigen, der Schwestern und Brüder, sind in diesem Chakra gespeichert.

Durch die Reinigung des Sakralchakras kann jeder Mensch sich an das kosmische Feld der natürlichen weiblichen oder männlichen Kraft anzubinden. Es verbindet ihn sehr gut mit seinen Vorfahren im menschlichen Himmel und es kann damit auch sehr gut zur Ahnenlinie und zu den Erfahrungen der Ahnen hier auf der Erde gereist werden.

Der Akt der sexuellen Verbindung von Mann und Frau bewirkt eine vollkommene Verbindung der Seelen. Die Seele des Mannes und der Frau verbinden sich lichtvoll zu einem Ganzen und die männliche und weibliche natürliche kosmische Kraft nimmt in diesem Augenblick sehr viel Lichtenergie auf. Die majestätische männliche und magische weibliche kosmische Kraft manifestieren sich bei voller Verbindung der Seelen von Mann und Frau. Im Augenblick der Verbindung stehen die Partner dann mit dem Licht der göttlichen Quelle in Kontakt und erhalten eine Unmenge vitaler Lebensenergie. In reinster sexueller Verbindung entsteht Licht in allen Chakren. Das Licht wird durch den Wirbelsäulenkanal übertragen und durchstrahlt alle Systeme beider Partner.

Die Institution Kirche hat den Menschen die natürliche sexuelle Kraft leider als etwas Schamhaftes und Unanständiges verleidet. So hat die dunkle Kraft der Kirche die menschliche Gemeinschaft von der Lebensenergie und Vitalität abgetrennt, welche die Partner bei ihrer liebevollen Verbindung erleben. Sexualität hat sich dadurch oft auf ein kurzes Erlebnis der Befriedigung reduziert und das auch noch erfüllt von Angst, dass der Mensch etwas Verbotenes oder Unanständiges tut.

Das menschliche Wesen entwickelt sich in der jetzigen Zeit spirituell aber außerordentlich, und sicher wird die vollkommene Verbindung der Seelen bald wieder eine unglaubliche lichtvolle und physische Kraft in sich tragen. Die Energie, die beim sexuellen Akt entsteht, wird vom Sexualchakra ebenso wie vom Wurzelchakra gespeichert und auf dem Höhepunkt des Akts in alle Systeme beider Partner ausgedehnt.

Übrigens führt die lichtvolle, feinstoffliche Entwicklung des menschlichen Körpers in naher Zukunft zur Entstehung eines neuen Chakras, das sich zwischen dem Wurzelchakra und dem Sakralchakra befinden wird. Dieses Chakra wird sich erst im Erwachsenenalter des menschlichen Wesens zeigen. Es wird vor allem für die Schwangerschaft der Frau wichtig sein.

Das ungeborene Kind wird durch dieses Chakra schon von Beginn an hier auf der Erde in der Gebärmutter der Mutter die natürliche männliche und weibliche kosmische Energie aufnehmen können. Das ermöglicht dem Kind nicht nur eine Anbindung an die Natürlichkeit der kosmischen Kräfte, sondern auch eine Natürlichkeit des Verhaltens hinsichtlich der ihm innewohnenden Männlichkeit oder Weiblichkeit.

Aber auch Männer werden schon bald von der Entwicklung dieses Chakras profitieren können. Sie werden an die natürliche männliche Kraft angebunden. An eine Kraft, die für die Frau und das Kind schützenden Charakter besitzt, aber auch einen Charakter des Verständnisses und der Liebe zu seinen Familienmitgliedern ohne absolute Überlegenheit. Das Vatermodell – das des Herrschers über die Familie – wird wegfallen.

Der Beginn der Entwicklung dieses Chakras wurde von der göttlichen Intelligenz für das Jahr 2024 geplant, wenn die menschliche Gemeinschaft eine bestimmte Entwicklungsstufe erreicht haben wird. Diese Entwicklungsstufe hängt unmittelbar mit der Entwicklung der kristallinen Systeme im Körper des menschlichen Wesens zusammen.

ÜBUNG *für das Sakralchaka*

Visualisiere oder sprich drei Mal die Zahlenreihe 3717.
Führe die Aktivierung der Heilfrequenzen in deinen Handflächen durch.

Lege danach deine Hände an dein Sakralchakra. Atme tief und konzentriere dich auf dein Sakralchakra. Durchleuchte es gedanklich mit orangefarbenem Licht.

Bereite nun den Gedankenkontakt mit deinen Eltern vor. Es ist egal, ob deine Eltern in der physischen Welt weilen oder sich schon im menschlichen Himmel befinden. Die Seelen deiner Eltern werden dich erhören. Wichtig für dein Sakralchakra ist, dass die Beziehung zu den Menschen gereinigt wird, die dir am nächsten stehen – deinen Eltern.

Stelle dir jetzt vor, dass deine Mutter vor dir steht. Sie sieht dich an. Sende aus deinem Herzen einen schönen Lichtstrahl zum Herzen deiner Mutter aus.

Die Liebe eurer Herzen verbindet euch.

Und dann sprichst du die folgenden Worte…
»Ich danke dir dafür, dass du mir Leben geschenkt hast. Ich danke dir dafür, dass ich dank dir existiere. Vergib mir, falls ich dich jemals in meinem Leben verletzt habe.

Ich vergebe dir alles Negative, was zwischen uns entstanden ist. Vergebung befreit uns.

Ich sende dir Liebe.

Ich segne dich. Ich liebe dich. Ich danke dir.«

Neben deine Mutter stellt sich nun dein Vater.
Dein Vater sieht dich an. Sende aus deinem Herzen einen schönen Lichtstrahl auch zum Herzen deines Vaters.

Und dann sprichst du die folgenden Worte ...
»Ich danke dir dafür, dass ich dank dir existiere. Vergib mir, falls ich dich jemals in meinem Leben verletzt habe.

Ich vergebe dir alles Negative, was zwischen uns entstanden ist. Vergebung befreit uns.

Ich sende dir Liebe.

Ich segne dich. Ich liebe dich. Ich danke dir.«

Sende deinen Eltern nun die Dankbarkeit deines Herzens. Dankbarkeit und die reinste Essenz verbinden euch.

Falls du Geschwister hast, schicke auch ihnen die Liebe und Dankbarkeit deines Herzens. Vergib ihnen alles Negative, was zwischen euch entstanden ist. Bitte sie, dass auch sie dir vergeben. Vergebung befreit euch.

Die reinste Essenz verbindet euch alle. Segne alle deine Geschwister mit der Liebe deines Herzens. Lass diese reinsten göttlichen Gefühle zwischen euch wirken.

Verabschiede dich in Gedanken von deinen Eltern und von deinen Geschwistern und lass sie an einen Ort zurückkehren, den sie mögen.

Konzentriere dich wieder auf dein Sakralchakra und verbinde dich mit seinem Bewusstsein. Beobachte, was sich in der Welt dieses Chakras abspielt und welche Lichtwesen sich darin befinden.

Frage nun das Bewusstsein deines Sakralchakras ...
»Hast du eine Botschaft für mich?

Was kann ich für deine Heilung tun?

Was kann ich für meine Bewusstseinsentwicklung tun?

Ich empfange alle Informationen mit Dankbarkeit.

Danke, danke, danke.«

> Durchleuchte das Sakralchakra noch einmal mit klarem orangefarbenen Licht und stelle dir vor, dass sich in diesem Chakra ein wunderschöner durchsichtiger orangefarbener Kristall befindet. Sende die Liebe deines Herzens dorthin aus.
>
> Segne es und segne dich selbst auf allen Ebenen deines Seins.
>
> Lasse dir Zeit. Falls du Informationen erhalten hast, schreibe sie auf.

Das Solarplexus-Chakra

Der Solarplexus ist deine innere Sonne und deine direkte Verbindung zu deinem Höheren Ich. Dein Höheres Ich ist mit deinen Lichtbegleitern und deiner Familie im menschlichen Himmel verbunden. Es überträgt Informationen und die Liebe der Lichtwelt und ihrer Wesen an dich. Gleichzeitig verbindet es dich mit den Informationen und Details deiner irdischen Aufgabe, die du vor deiner Ankunft auf diesem Planeten mit deinem Höheren Ich vereinbart hast.

Der Solarplexus ist außerdem das Zentrum der feinstofflichen kristallinen Systeme deines Körpers. Dieses Netz verbindet dich mit den kristallinen Systeme in der Erde und mit den kristallinen Systeme dieser Galaxis. Er verbindet dich außerdem mit dem Wissen und der Weisheit der Kristalle.

Die Kommunikation mit dem Höheren Ich wird sich beim Menschen immer mehr verstärken. Der Mensch wird durch seine Anbindung an sein Höheres Ich nicht nur besonders gut durch die irdische Inkarnation geführt, durch den ständigen Kontakt mit dem Höheren Ich entwickelt sich auch seine Intuition weiter. In früheren Zeiten besaß der Mensch eine Intuition, die großartig und sehr viel bedeutender war als heute, aber sie wurde durch die dunklen Mächte so stark manipuliert, dass der Mensch sie fast vollständig verloren hat. Bei manchen Menschen hat sich die Intuition durch spirituelle Arbeit wieder entwickelt, doch die meisten bewegen sich ohne jegliche Führung durch ihr Höheres Ich hier auf diesem Planeten und somit ohne jegliche Intuition. Dabei ist Intuition eine unverzichtbare menschliche Eigenschaft, eine Vorstufe zur Telepathie.

Der Verlust der Intuition hat die ganze menschliche Gemeinschaft durch ihr Leben und ihre alltäglichen Verpflichtungen irren lassen. Er hat die menschlichen Herzen blockiert und den Menschen auf diesem Planeten ohne jegliche gedankliche Sicherheit leben lassen, da sich der Mensch auf nichts mehr intuitiv verlassen konnte. Auch konnte ihm durch den Verlust seiner Intuition niemand einen hundertprozentig guten und sicheren Ratschlag geben. Und der Mensch hat nicht einmal in sich selbst Antworten gefunden. Die Abtrennung von sich selbst und vom Höheren Ich hat neben der persönlichen auch eine globale Desorientierung der menschlichen Zivilisation verursacht.

Ein blockiertes Solarplexuschakra verhindert, dass die Energie zum Magen und zum Verdauungstrakt fließt. Dadurch wird der Mensch ständig von Gefühlen der Angst vor dem Verlust von Lebensenergie geplagt und vor dem Verlust der Fähigkeit, Nahrung und somit auch grundlegende Lebenskraft aufzunehmen. Diese ständige unterbewusste Angst vor Mangel und dem Verlust der Lebenskraft führte und führt noch immer zu zahlreichen Erkrankungen des menschlichen Systems.

Der Solarplexus wird sehr stark negativ beeinflusst von unverarbeiteten negativen Beziehungen, die den Menschen mit anderen Menschen, Wesen oder menschlichen Seelen verbinden. Unverarbeitete Themen, Wut, Hass, Diffamierungen und schlechtes Denken über andere erzeugen zwischen dem Menschen und dem betreffenden Wesen oder der Seele ein energetisches Band, das alle Beteiligten einengt.

Die negative Energie eines bestimmten Themas bestimmt die Beziehung zum betreffenden Menschen und allen anderen Menschen, Wesen oder Seelen, die zu diesem Menschen in eben diesem negativen Verhältnis stehen. Ewiges Verurteilen anderer lässt den Menschen im Gefängnis der eigenen ausgesandten Gedanken leben, weil er durch sie an den anderen Menschen, das Wesen oder die Seele gebunden ist. Eine positive Umprogrammierung dieses Menschen befreit und schützt gleichzeitig vor negativen Fremdenergien, da die dunklen Energien dann keinen Platz zum Anhaften im System des jetzt positiv denkenden Menschen finden.

Sei dir bewusst, dass negative Gedanken nicht zu dir gehören, denn wie jeder andere Mensch auch bist du die reinste Essenz der göttlichen Quelle. Du trägst die reinste göttliche Essenz in dir. Rufe dir das immer wieder in Erinnerung: Reine Gedanken befreien dich aus dem Kreis der negativen energetischen Bindungen an andere Menschen, Wesen oder Seelen. So kommst du in deine Mitte, und die Intuition kann sich entwickeln.

ÜBUNG *für den Solarplexus*

Visualisiere oder sprich drei Mal die Zahlenreihe 3717.

Führe die Aktivierung der Heilfrequenzen in deinen Handflächen durch und lege dann deine Hände an dein Solarplexus-Chakra.

Atme tief und konzentriere dich auf dein Solarplexus-Chakra. Durchleuchte es gedanklich mit strahlend goldgelbem Licht. Dein Chakra leuchtet wie die Sonne.

Und dann sprichst du die folgenden Worte ...
»Ich verbinde mich jetzt und in diesem Raum mit meinem Höheren Ich. Ich verbinde mich hiermit mit den Informationen der Führung, die ich bei meinem Höheren Ich hinterlegt habe. Ich verbinde mich mit der Frequenz meiner eigenen Intuition.

Ich erhöhe kraft meines eigenen Willens die Frequenz meiner eigenen Intuition.

Meine Absicht ist rein und klar.«

Atme ein und aus.

Und dann sprichst du die folgenden Worte ...
»Ich aktiviere jetzt und in diesem Raum das Zentrum des Kristallnetzes in meinem Solarplexus.

Mein Solarplexus erschafft in diesem Augenblick das Zentrum meines Kristallnetzes und weitere Kristallnetze in meinem ganzen Körper.

Mein Solarplexus verbindet sich in diesem Augenblick mit den Kristallnetzen der Erde und den Kristallnetzen dieser Galaxis.

Mein Solarplexus verbindet mich mit der Weisheit, den Informationen und der Energie der Kristallnetze der Erde und der Galaxis.

Mein spirituelles Bewusstsein erhöht sich in diesem Moment. Danke, danke, danke.«

Atme tief. Konzentriere dich erneut auf deinen Solarplexus und verbinde dich mit seinem Bewusstsein. Beobachte, was sich in der Welt dieses Chakras abspielt und welche Lichtwesen sich darin befinden.

Frage nun das Bewusstsein deines Solarplexuschakras ...
»Hast du eine Botschaft für mich?
Was kann ich für deine Heilung tun?
Was kann ich für meine Bewusstseinsentwicklung tun?
Ich empfange alle Informationen mit Dankbarkeit.
Danke, danke, danke.«

Durchleuchte dieses Chakra noch einmal mit klarem goldgelben Licht und stelle dir vor, dass sich in diesem Chakra ein wunderschöner durchsichtiger goldener Kristall befindet.
Sende die Liebe deines Herzens dorthin aus.
Segne es und segne dich selbst auf allen Ebenen deines Seins.
Lasse dir Zeit. Falls du Informationen erhalten hast, schreibe sie auf.

Das Herzchakra

Das Herzchakra verbindet dich mit deinem Herzen, mit deiner Seele. Eine vollkommene Heilung deines Herzchakras und deines Herzens bringt dir eine absolute Anbindung an alle Möglichkeiten, welche die göttliche Welt zu bieten hat.

Die Heilung deines Herzens bringt dir eine absolute Anbindung an die kosmischen Heilfrequenzen. Dank der optimalen Funktion der Lichtchakren über deinem Kopf werden dann deine Urfrequenzen, deine Urinformationen und deine Uressenz aus der göttlichen Quelle zu dir strömen. Die Liebe, die aus der göttlichen Quelle zu dir fließt, ist das stärkste, mächtigste und liebevollste Element, das existiert.

In dieser Zeit ist es für das menschliche Wesen am wichtigsten, sich zu erinnern.

Sich zu erinnern, wie wunderschön und lichtvoll seine Seele ist.

Sich zu erinnern, dass seine göttliche Essenz es mit allem Wesentlichen verbindet.

Diese Erinnerung bringt dem menschlichen Wesen Heilung. Es bringt ihm Heilung und Orientierung in der irdischen Welt. Durch seine Erinnerung verliert das menschliche Wesen seine Angst vor der Gegenwart und auch vor der Zukunft. Durch seine Erinnerung kann es sich von seiner dunklen, manipulierten Vergangenheit lösen.

Mit seinem Verständnis und seiner Erinnerung hört das menschliche Wesen auf, andere menschliche Wesen zu verurteilen. Das befreit es und bringt persönliche Freiheit. Persönliche Freiheit, die sich auf andere menschliche Wesen überträgt.

Mit seinem Verständnis und seiner Erinnerung lernt das menschliche Wesen, seine negativen Emotionen und Gedanken auf das Positive zu programmieren. Negative Emotionen und Gedanken hindern das menschliche Herz an der Heilung.

Verwende für die Erinnerung die Zahlenreihe **8787**. Diese Zahlenreihe bindet dich an die reinste Essenz der Menschheit an und sie verbindet dich mit der Seele der Menschheit, die sich nichts anderes wünscht, als dass die Reinheit des menschlichen Herzens aktiviert wird und wieder zurückkehrt.

Diese Zahlenreihe – **8787** – besitzt auch eine wunderschöne durchsichtige Frequenz. Sie ist so schön wie der reinste, durchsichtigste Kristall. Es ist wichtig zu wissen, dass wenn du mit dieser Zahlenreihe beginnst zu arbeiten du die Anwesenheit der Lichtwesen aktivierst, die mit dieser durchsichtigen Frequenz verbunden sind.

Diese Lichtwesen werden sich, sofern du das wünschst, in deiner Nähe aufhalten. Ihre Lichtkörper wirken engelhaft, sind aber durchscheinend, und jeder Teil ihres Körpers sieht aus, als bestünde er aus geschliffenen Kristallen. Sie unterscheiden sich auch dadurch von Engeln, dass sie keine lichtvollen Flügel haben. Dennoch bewegen sie sich mit der Eleganz und Grazilität von Engeln.

Nach dem Aussprechen oder der Aktivierung dieser Zahlenreihe kommen sie in deine Nähe und helfen dir, dich mit der reinsten Essenz der Menschheit zu verbinden. Sie sind Lichthelfer der Seele der Menschheit, die eine ähnliche Struktur wie wunderschöner geschliffener Kristall hat. Ihre Seele ist aber noch viel lichtvoller und ihre Frequenz so glänzend und funkelnd, dass sie sich dadurch mit den Lichtern des Kosmos und mit den Lichtern weiterer Lichtwesen verbindet.

Sobald die Menschheit gänzlich heilt, wird ihr Licht noch strahlender und lichtvoller sein.

ÜBUNG *für das Herzchakra*

Visualisiere oder sprich drei Mal die Zahlenreihe 3717.

Führe die Aktivierung der Heilfrequenzen in deinen Handflächen durch. Danach kannst du deine Hände an dein Herzchakra legen.

Atme tief und konzentriere dich auf dein Herzchakra. Durchleuchte es gedanklich mit smaragdgrünem Licht. Durchleuchte dein Herz.

Verbinde das Licht deines Herzens und deines Herzchakras zu einem einzigen großen Licht.

Visualisiere nun vor deinem Herzen die Zahlenreihe **8787**. Visualisiere sie am besten in silbernem Licht. Visualisiere diese Zahlenreihe auch hinter deinem Rücken auf Höhe deines Herzens, ebenfalls in silbernem Licht.

Du beobachtest, dass sich lichtvolle Kristallwesen in deine Nähe begeben, die dir helfen, deine Sorgen und angesammelten negativen Angelegenheiten zu heilen. Dieses Negative blockiert die Energie deines Herzens. Die Kristallwesen helfen dir dabei, zu deiner göttlichen Reinheit und göttlichen Essenz zurückzufinden.

Beobachte, wie dein Herz von der durchsichtigen Frequenz der reinsten Essenz der Menschheit durchdrungen wird. Deine Zellen nehmen diese Frequenz auf und geben belastende Negativitäten, die sie an ihrer Bewusstseinsentwicklung gehindert haben, ab.

Die Zellen deines Herzens geben belastende Elemente ab und heilen in der Frequenz der reinsten menschlichen göttlichen Essenz.

Und dann sprichst du die folgenden Worte …

»Ich verbinde mich jetzt und in diesem Raum mit dem Bewusstsein meines Herzens und mit dem Bewusstsein meines Herzchakras.

Ich gebe jetzt und in diesem Raum alles Belastende ab, das mich an der Reinheit meines Herzens hindert. Alles Negative verlässt genau jetzt mein Herz und mein Herzchakra.

Ich verbinde mich mit der Frequenz der Liebe der göttlichen Quelle.

Die Liebe der göttlichen Quelle fließt jetzt durch mein Herz und erfüllt es mit der bedingungslosen Liebe der göttlichen Quelle. Dankbarkeit fließt durch mein Herz.

Liebe nährt mich, Liebe heilt mich.

Liebe ist meine Essenz. Liebe ist meine Existenz.

Ich bin bedingungslose Liebe.«

Stelle dir nun vor der Zahlenreihe **8787**, die du vor und hinter deinem Herzen visualisiert hast, noch das Zeichen der Unendlichkeit vor, die Liegende Acht. Damit sorgst du dafür, dass die Wirkung der Zahlenreihe auch weiterhin anhält und die Frequenz der Liebe ununterbrochen zu deinem Herzen fließt. Du unterstützt dadurch die nachfolgende Heilung deines Herzens.

Konzentriere dich erneut auf dein Herzchakra und verbinde dich mit seinem Bewusstsein. Beobachte, was sich in der Welt dieses Chakras abspielt und welche Lichtwesen sich darin befinden.

Frage nun das Bewusstsein deines Herzchakras …
»Hast du eine Botschaft für mich?
Was kann ich für deine Heilung tun?
Was kann ich für meine Bewusstseinsentwicklung tun?
Ich empfange alle Informationen mit Dankbarkeit.
Danke, danke, danke.«

Durchleuchte dein Herzchakra noch einmal mit klarem smaragdgrünen Licht und stelle dir vor, dass sich in diesem Chakra ein wunderschöner durchsichtiger Smaragd befindet.

Sende die Liebe deines Herzens dorthin aus.

Segne es und segne dich selbst auf allen Ebenen deines Seins.

Lasse dir Zeit. Falls du Informationen erhalten hast, schreibe sie auf.

Einführung der Kosmischen Apotheke durch die Zahlenreihe 8787

Für die Übung mit deinem Herzchakra haben wir dich gebeten, die Zahlenreihe **8787** vor und hinter deinem Herzen zu visualisieren. Das hatte auch einen sehr wichtigen Grund.

Wir haben dir damit die Anbindung an die »Kosmische Apotheke« ermöglicht, in der sich alle Frequenzen und feinstofflichen Substanzen befinden, die der menschliche Körper, sein Geist und seine Seele benötigen. Diese Zahlenreihe und die Frequenz der Dankbarkeit ermöglichen dir den Zugang zur Kosmischen Apotheke, die wir dir in den folgenden Kapiteln noch genauer erklären werden.

Durch die Visualisierung der Zahlenreihe **8787** in silberner Farbe bindest du dich zusätzlich an feinstoffliches lichtvolles kolloidales Silber an. Das bedeutet konkret für dich, dass dein Herz die Heilfrequenz des kolloidalen Silbers aufnehmen und emotionale Strukturen im Herzen heilen kann.

Deine Zellen erhalten so noch zusätzliche Hilfe beim Abwerfen belastender Elemente.[*]

Dein Herz verteilt die Frequenz des feinstofflichen kolloidalen Silbers mit Hilfe des Blutkreislaufs in deinem ganzen Körper. Dadurch erhält dein Körper die Möglichkeit, entzündliche Herde loszuwerden, die er eventuell noch in sich trägt. Der Stress, den die menschliche Gemeinschaft praktisch jeden Tag erlebt, ruft im

---

[*] Ein großartiges Hilfsmittel ist die CD *Kolloidales Silber*, die Michael Reimann komponierte. Er verwendete dazu die Frequenzen des reinen Minerals, eingewoben in seine wundervolle Heilmusik. Diese Klänge durchdringen wohltuend den gesamten Körper und erreichen jede einzelne Zelle, indem sie mit dem natürlichen Silberanteil im Körper in Resonanz gehen. Hörproben findest du auf www.AmraVerlag.de.

Körper unterschiedlichste Entzündungen und Krankheiten hervor und schwächt die Immunität des Organismus.

Kolloidales Silber ist in der Lage, innerhalb weniger Minuten verschiedenste Arten von Mikroben und Keimen abzutöten. Lichtvolles kolloidales Silber bringt im Vergleich zu kolloidalem Silber in physischer Form keine Nebenwirkungen mit sich. *Alle Frequenzen und Substanzen der Kosmischen Apotheke haben ihre eigene Intelligenz und wissen, welche Dosierung gerade notwendig ist. Entsprechend droht keine Überdosierung.*

Das menschliche Wesen erhält mehr und mehr Hilfe von der göttlichen Intelligenz, weil es inzwischen bereit dafür ist. Wir haben euch immer wieder mitgeteilt, dass das menschliche Wesen noch weitere Möglichkeiten zur Heilung der körperlichen Materie und zu seiner spirituellen Entwicklung erhalten würde. Diese Zeit ist jetzt da.

Und deine ersten Schritte dazu hast du soeben gemacht.

Dein erster Kontakt mit der Kosmischen Apotheke ist soeben erfolgt.

Die Kosmische Apotheke enthält alles, was das menschliche Wesen zu seiner Heilung benötigt. Die Tore zu ihr haben sich soeben geöffnet.

Ein reines Herz ist der Schlüssel zu den Toren der Kosmischen Apotheke!

Das Halschakra

Im Halschakra sind alle Beziehungen gespeichert. Alle belastenden Beziehungen schränken die Funktion dieses Chakras ein. Und im Gegensatz dazu unterstützen alle positiven Beziehungen eine gute Funktion dieses Chakras.

Wenn du die Welt im Halschakra beobachtest, wirst du sehen, dass dort vor allem deine belastenden »schicksalhaften« Beziehungen abgespeichert sind, die du energetisch oder physisch noch nicht beendet hast. Menschen, die sich gedanklich oft in der Vergangenheit aufhalten, sind auf der anderen Seite des Chakras, im Nacken, energetisch an die Vergangenheit angebunden, weil sich an dieser Stelle des Körpers und auch auf dem Rücken die Vergangenheit abspeichert.

Die Menschen haben oft das Gefühl, dass sie in bestimmten Beziehungen ersticken, weil diese Beziehungen sie mit ähnlichen Beziehungen in der Vergangenheit verbinden. Das Halschakra ist deshalb häufig verengt und das Licht hat nicht die Kraft, die Gegenwart und die gegenwärtigen Beziehungen zu durchleuchten. Diese Beziehungen sind dann sozusagen verdunkelt, sie haben keine gesunde Energie in sich und die meisten solcher Beziehungen fallen früher oder später auseinander.

Eine weitere wichtige Ursache für eine schlechte Funktion des Halschakras ist eine mangelnde positive Beziehung zu sich selbst. Fehlende Selbstliebe. Fehlende Selbstliebe zerstört alle Partnerschaften wie auch zwischenmenschlichen Beziehungen. Ein Mangel an Selbstliebe lässt den Menschen ständig Fehler beim anderen suchen. Mangelnde Selbstliebe führt dazu, dass der Mensch andere beurteilt und verurteilt. Ist der Mensch mit sich zufrieden und liebt er sich, hat er keinen Grund, den anderen anzufallen und ihn zu beurteilen. Einem Menschen, der sich selbst nicht ausreichend liebt, wird oft von außen der sinnbildliche Spiegel vorgehalten, der ihm zeigt, was er noch in sich verarbeiten muss. Das, was ihn am anderen stört, hat er bei sich selbst noch nicht verarbeitet.

Mangelnde Selbstliebe bringt Unruhe in viele Bereichen des Lebens. Häufig verursacht sie auch Krankheiten, weil mangelnde Selbstliebe den Menschen nicht in der gesunden Lichtfrequenz der Liebe schwingen lässt.

Wenn der Mensch Frieden und Harmonie mit sich selbst sowie Frieden und Harmonie mit anderen findet, beginnt das Halschakra sich an das morphogenetische Feld von Frieden, Harmonie, Zufriedenheit und Liebe anzubinden. Die Schilddrüse, die im Bereich dieses Chakras liegt, kann dann die Frequenz des Glücks aufnehmen und der Körper beginnt zu heilen. Die Schilddrüse beeinflusst eine große Anzahl an Funktionen im menschlichen Körper. Sie beeinflusst mit ihrer Funktion die Psyche des Menschen, genauso wie die Thymusdrüse, die nach der Heilung des Halschakras in der Lage ist, sich an die Strahlen der Zentralsonne anzubinden.

Und der gesamte Atemapparat, die Lungen eingeschlossen, beginnt dank der verstärkten Funktion des Halschakras mehr Sauerstoff in sich aufzunehmen und dadurch mehr Lebensenergie. Dank der Klarheit in Beziehungen zu anderen und in der Beziehung zu sich selbst erstrahlt das Halschakra und bringt genug Vitalität und Sauerstoff in jedes Handeln des tagtäglichen Lebens.

Durch die Heilung von Beziehungen erstrahlt auch das Herzchakra, in dem ebenfalls mangelnde Selbstliebe kodiert ist. Im Halschakra ist vor allem die mentale Beziehung zu den Eltern gespeichert. Emotionale Blockaden, die Probleme mit den Eltern betreffen, sind in erster Linie im Sakralchakra gespeichert.

ÜBUNG *für das Halschakra*

Visualisiere oder sprich drei Mal die Zahlenreihe 3717.
Führe die Aktivierung der Heilfrequenzen in deinen Handflächen durch. Lege danach deine Hände an dein Halschakra. Atme tief und konzentriere dich auf dein Halschakra. Durchleuchte es gedanklich mit azurblauer Farbe.

Bereite dich darauf vor, Frieden mit anderen Menschen, Wesen und Seelen zu schließen, die dich belasten.

Bereite dich darauf vor, Frieden mit dir selbst zu schließen. Bereite dich darauf vor zu begreifen, dass eine deiner größten Aufgaben hier auf der Erde darin besteht, Selbstliebe in dir zu finden.

Sie besteht darin, zu begreifen, dass du hier auf dieser Erde eine irdische Schule des Lebens durchläufst. Zu begreifen, dass jedes Verstehen von Situationen dich weiterbringt und deine Fähigkeit verbessert, dich selbst zu lieben. Bedingungslos zu lieben.

Dich selbst bedingungslos zu lieben ist vielleicht eine deiner größten Aufgaben in dieser Inkarnation.

Und dann sprichst du die folgenden Worte …
»Ich entscheide mich jetzt und in diesem Raum dafür, Frieden mit allen Menschen, Wesen und Seelen zu schließen, die mich verletzt haben.

Ich verbinde mich mit den Frequenzen des Friedens.

Ich verbinde mich mit den Engeln des Friedens.

Ich bitte die Engel des Friedens, alle negativen energetischen Bänder zu entfernen, die uns negativ verbinden und beeinflussen. Meine Absicht ist rein und klar.

Ich bitte die Engel des Friedens, mir zu helfen, die Liebe zu mir selbst zu finden. Ich bitte die Engel des Friedens, alle Situationen, die mich an meiner Selbstliebe hindern, in Licht aufzulösen. Ich schließe Frieden mit allen Menschen, Wesen und Seelen. Ich schließe Frieden mit mir selbst.

Die Heilung meines Halschakras geschieht jetzt und in diesem Raum, in allen Räumen und Zeiten meiner Realität.

Danke, danke, danke.«

Atme tief und stelle dir vor, wie sich dein Halschakra immer mehr ausdehnt.

Konzentriere dich danach erneut auf dein Halschakra und verbinde dich mit seinem Bewusstsein. Beobachte, was sich in der Welt dieses Chakras abspielt und welche Lichtwesen sich darin befinden.

Frage nun das Bewusstsein deines Halschakras ...
»Hast du eine Botschaft für mich?
Was kann ich für deine Heilung tun?
Was kann ich für meine Bewusstseinsentwicklung tun?
Ich empfange alle Informationen mit Dankbarkeit.
Danke, danke, danke.«

Stelle dir vor und hinter deinem Halschakra die Zahlenreihe **8787** in metallisch goldener Farbe vor. Diese Zahlenreihe verbindet dich mit der Kosmischen Apotheke und ihrem Wissen. Sie verbindet dich mit dem kolloidalen Gold, das sich in ihr befindet. Die metallisch goldene Farbe ist in der Lage, belastende Gedankenmuster zu neutralisieren, die dein Halschakra aufgenommen hat. Kolloidales Gold hilft dir dabei, die Energiebahnen, die durch deinen Körper verlaufen, durchgängig zu machen und zu aktivieren. Es bringt dir Vitalität und durchleuchtet alle in deinem System abgelegten belastenden Muster. Es regeneriert deinen Körper, deine Seele und deinen Geist.*

---

* Du kannst deine Visualisierung der goldenen Farbe und die Resonanz des Goldanteils in deinen Zellen verstärken, wenn du dabei die Musik auf der CD *Kolloidales Gold* hörst. Michael Reimann verwendet darauf die Frequenzen von reinem Gold, unterstützt durch die Schwingung 432 Hertz, bei der Mensch, Natur und Kosmos harmonisch im Einklang schwingen. Hörproben findest du auf www.AmraVerlag.de.

> Lasse die Heilfrequenz dieser Zahlenreihe wirken. Durchleuchte dein Halschakra noch einmal mit klarem azurblauen Licht und stelle dir vor, dass sich in diesem Chakra ein wunderschöner durchsichtiger hellblauer Kristall befindet.
> Sende die Liebe deines Herzens dorthin aus.
> Segne es und segne dich selbst auf allen Ebenen deines Seins.
> Lasse dir Zeit. Falls du Informationen erhalten hast, schreibe sie auf.

Die Ohrenchakren

Wie schon im sechsten Buch der Plejadenreihe beschrieben wurde, ist die größte Belastung, welche die Ohrenchakren negativ beeinflusst, Nicht-Vergebung: Nicht-Vergebung anderer, Nicht-Vergebung deiner selbst durch andere und Nicht-Vergebung dir selbst gegenüber.

Vielen Menschen ist nicht bewusst, dass sie sich die unterschiedlichen Situationen in ihrem irdischen Leben schon vor ihrer Inkarnation für ihr Wachstum selbst programmiert haben. Aber genau das ist der Fall. Oft hat der Einzelne dabei Situationen erschaffen, die er im Laufe der Zeit für vollkommen unlogisch und unnötig befindet. Deshalb machen sich viele menschliche Wesen immer wieder Vorwürfe, dass sie jemanden verletzt haben, und leiden unter einem schlechten Gewissen. Sie machen sich Vorwürfe, dass sie gescheitert sind.

Verzeihe dir deine Vergangenheit! Mache einen dicken Schlussstrich unter deine Vergangenheit, trenne dich von ihr und fange von vorn an – *mit einem neuen Gewissen und neuen Erkenntnissen, die du nicht hättest, hättest du in der Vergangenheit nicht gewisse*

Situationen durchgemacht. Deine Erkenntnisse aus diesen Situationen haben dich wachsen lassen. Bitte höre auf, dir ständig selbst Vorwürfe zu machen, und vergib dir deine Vergangenheit. Durch dein fortwährendes Irren durch die Vergangenheit beraubst du dich deiner eigenen Lebensvitalität und Lebenskraft. Du kannst so nicht vorankommen. Deine Vergangenheit hält dich zurück.

Mit Blockaden in deinen Ohrenchakren beraubst du dich deiner Hellhörigkeit. Viele Menschen, die an Klingeln in den Ohren leiden, Tinnitus genannt, sind vom Gefühl der Schuld und des Nicht-Vergebens sich selbst gegenüber betroffen. Tinnitus ist in dieser Zeit sehr verbreitet, weil Stress im Zusammenspiel mit Elektrosmog die Ohrenchakren buchstäblich blockiert und die ursprüngliche feinstoffliche Schwingung dieser Chakren in hochfrequente, unerträgliche Schwingungen verwandelt.

Das menschliche Wesen ist in dieser Zeit nicht fähig, der umgebenden Welt zu lauschen, und es ist nicht fähig, auf sich selbst zu hören, auf seine Seele und sein Herz. Mit jeder neuen Inkarnation auf der Erde hat es seine Hellhörigkeit weiter verloren. Zu stark sind die Blockaden. Große Belastungen, Stress und die Manipulationen der dunklen Mächte haben das menschliche Wesen in ein Stadium geführt, in denen es aufgehört hat, sich über seine Ohrenchakren an die kosmische Sprache und an die Sprache der Lichtwesen anzubinden, die sich stets in der Nähe des Menschen aufhalten.

Aufgrund der Manipulation durch die dunklen Mächte hat sich das menschliche Wesen von der Möglichkeit der Kommunikation mit der Lichtwelt abgetrennt. Das war einer der unzähligen dunklen Pläne, den Menschen von seiner lichtvollen Umgebung abzukoppeln und in die Isolation zu drängen. Der Mensch hat sich dadurch auch von der Kommunikation mit Tieren, Pflanzen und Mineralien abgekoppelt und von der Kommunikation mit Wasser, Luft, Feuer und Erde, all den Elementen der Natur.

Ein weiterer großer negativer Einfluss auf die Ohrenchakren ist eine Frequenz, die über die Tonspuren der Medien ausgesendet wird. Diese Frequenz wirkt wie ein ständiges schädliches Hintergrundrauschen. Sie greift vor allem die Ohrenchakren an, sie durchdringt deine Aura, verursacht darin Lücken und dann ist es ein Leichtes, durch andere Frequenzen in weitere Bereiche des menschlichen Systems vorzudringen. Wenn du Telekommunikationsgeräte in Betrieb hast, wirst du permanent von niedrigfrequenten Wellen bestrahlt, die im menschlichen Wesen vor allem Angst erzeugen – gleichzeitig auch Aggressivität und Hass, so dass die Isolation von der Umwelt fortwährend wächst. Dabei ist das menschliche Wesen für ein Leben im Kollektiv geschaffen. Und alle menschlichen Wesen sind von der göttlichen Intelligenz für Hellhörigkeit ausgestattet worden.

Durch die Aktivierung und richtige Funktion deiner Ohrenchakren wirst du nicht nur in der Lage sein, wieder mit der umgebenden Lichtwelt und den Lichtwesen zu kommunizieren, sondern auch mit deinen tierischen Lieblingen.

Und nach der erneut aufgenommenen Kommunikation mit dem Tierreich wird es dem Menschen nicht mehr in den Sinn kommen, weiterhin tierische Wesen zu essen, die alle ein Bewusstsein und Gefühle in sich tragen – *von denen das Menschenwesen bisher noch nicht gehört hat.*

Du wirst in der Lage sein, mit jedem Stein oder Kristall zu kommunizieren, den der Mensch bisher für unbelebt, für tot gehalten hat. Mit jedem Gegenstand, denn auch jeder Gegenstand hat ein eigenes Bewusstsein. Und du wirst begreifen, dass jedes Wesen und jeder Gegenstand ein Bewusstsein aufweist, mit dem du kommunizieren kannst.

Du wirst feststellen, dass die Welt um dich herum sich um ein Vielfaches vergrößert, weil es dir jetzt möglich ist, noch mit dem kleinsten Pflänzchen zu kommunizieren – und diese Pflanze dir alles erzählt, was sie bewegt und was sie erlebt hat.

Du wirst feststellen, dass deine Lebensschritte dir viel mehr Freude bereiten werden, ganz einfach deshalb, weil du viel mehr lebendiges Geschehen um dich herum wahrnehmen wirst.

Du wirst wahrnehmungsfähiger.

ÜBUNG *für die Ohrenchakren*

Visualisiere oder sprich drei Mal die Zahlenreihe 3717.
Führe die Aktivierung der Heilfrequenzen in deinen Handflächen durch. Danach lege die Hände an deine Ohrenchakren. Atme tief und konzentriere dich auf deine Ohrenchakren. Durchleuchte sie gedanklich mit rosafarbenem Licht. Diese Farbe ist die Farbe der Vergebung.

Bereite dich darauf vor, aus tiefster und reinster Absicht ein Ritual der Vergebung durchzuführen.

Sprich jetzt drei Mal die Zahlenreihe 35791.
Damit öffnest du die Dimensionen, Zeiten und Räume, in denen es notwendig ist, Vergebung durchzuführen. Vergebung gegenüber anderen Menschen, Wesen und Seelen. Vergebung für dich durch andere Menschen, Wesen und Seelen.

Und Vergebung dir selbst gegenüber.

Die Lichtwelt ermöglicht dir die Öffnung der Dimensionen, damit dich auch wirklich alle Menschen, Seelen und Wesen erhören.

Und dann sprichst du die folgenden Worte ...
»Ich öffne mit dieser Zahlenreihe alle Dimensionen, Räume und Zeiten, in denen Vergebung auf allen Ebenen

meines Lebens und auf allen Ebenen meines Seins notwendig ist. Ich bitte alle Lichtwesen, die mir helfen können, mich jetzt und in diesem Raum mit dem Bewusstsein aller Menschen, Wesen und Seelen zu verbinden, die noch darauf warten, dass ich ihnen vergebe.

Ich vergebe von ganzem Herzen allen Menschen, Wesen und Seelen.

Jetzt bitte ich um eine Verbindung mit dem Bewusstsein aller Menschen, Wesen und Seelen, die mir noch nicht vergeben haben. Bitte vergebt mir aus ganzem Herzen.

Ich bitte jetzt meine Seele um Vergebung dafür, dass ich sie durch mein Verhalten in Situationen gebracht habe, in denen sie verletzt wurde.

Ich vergebe mir dafür, dass ich mir selbst geschadet habe. Ich vergebe mir dafür, dass ich in der Vergangenheit ständig unter meinem Verhalten gelitten habe.

Ich verstehe, dass meine Vergangenheit von meiner Seele und meinem Höheren Ich bis ins Detail programmiert worden ist.«

Stelle dir nun vor, dass sich in der Nähe deiner Ohrenchakren goldene Zeichen der Unendlichkeit befinden, liegende Achten. Visualisiere, wie diese heilenden Zeichen in allen Richtungen rotieren und die feinstofflichen energetischen Verbindungen, die dich mit den Negativitäten anderer Menschen, Wesen oder Seelen verbunden haben, durch das Licht und die Geschwindigkeit dieser liegenden Achten in Licht transformiert werden.

Bitte nun Erzengel Michael um Reinigung aller verbliebenen Negativitäten, die sich noch zwischen dir und den anderen Menschen, Wesen und Seelen befinden.

Bitte nun Erzengel Rafael, der alles regeneriert und in Harmonie bringt, um Heilung der Beziehungen zwischen dir und den anderen Menschen, Wesen und Seelen.

Und dann sprichst du die folgenden Worte …
»Ich entledige mich jetzt und in diesem Raum meiner dunklen Vergangenheit.
Ich segne meine Vergangenheit.
Ich segne alle Menschen, Wesen und Seelen, die mich verletzt haben.
Ich verbinde mich hiermit mit der Frequenz meiner Hellhörigkeit.
Ich aktiviere jetzt und in diesem Raum meine Hellhörigkeit.
Ich bin absolut an die kosmische Lichtsprache angebunden.
Ich fixiere jetzt meinen Zustand der Heilung mit der Zahlenreihe: **35791, 35791, 35791**.
Danke, danke, danke.«

Konzentriere dich erneut auf deine Ohrenchakren und verbinde dich mit ihrem Bewusstsein. Beobachte, was sich in der Welt dieser Chakren abspielt und welche Lichtwesen sich darin befinden.

Frage nun das Bewusstsein deiner Ohrenchakren …
»Habt ihr eine Botschaft für mich?
Was kann ich für eure Heilung tun?
Was kann ich für meine Bewusstseinsentwicklung tun?
Ich empfange alle Informationen mit Dankbarkeit.
Danke, danke, danke.«

> Durchleuchte deine Ohrenchakren noch einmal mit klarem rosafarbenen Licht und stelle dir vor, dass sich in diesem Chakra wunderschöne durchsichtige rosafarbene Kristalle befinden.
>
> Sende die Liebe deines Herzens zu ihnen aus.
>
> Segne sie und segne dich selbst auf allen Ebenen deines Seins.
>
> Lasse dir Zeit. Falls du Informationen erhalten hast, schreibe sie auf.

Das Dritte Auge

Hellsichtigkeit ist der Wunsch eines jeden Menschen, der sich spirituell entwickelt oder mit Spiritualität beschäftigt. In alten Zeiten war Hellsichtigkeit eine angeborene Fähigkeit – bis zu der Zeit, in der die Menschheit durch die dunklen Wesen manipuliert wurde. Die Fähigkeit des Hellsehens wird der Menschheit jetzt zurückgegeben.

Menschliche Wesen, die sich schon länger mit Meditation beschäftigen, haben ihre hellseherischen Fähigkeiten wahrscheinlich bereits wieder aktiviert. Manche menschlichen Wesen haben ihre Fähigkeiten bei der Geburt auf diesen Planeten mitgebracht. Das Chakra ihres Dritten Auges war bereits vor ihrer Ankunft auf der Erde geöffnet.

Viele Kinder, die in dieser Zeit auf den Planeten Erde inkarnieren, und viele Kinder, die noch auf den Planeten Erde inkarnieren werden, besitzen von Geburt an die Fähigkeit, mit dem Dritten Auge zu kommunizieren und zu sehen. Sie werden sich kraft ihrer angeborenen Fähigkeit an das kosmische Wissen anbinden und die aus der göttlichen Quelle kommenden

Informationen direkt wahrnehmen. Viele Kinder dieser und der zukünftigen Zeit werden sich auch an der »kosmischen Lehre« der Bewusstseinsentwicklung beteiligen. Sie werden fähig sein, sich an die morphogenetischen Felder der kosmischen Schule anzubinden, an der Milliarden von außerirdischen heranwachsenden Wesen teilnehmen. Dieser Unterricht führt sie zur Wahrheit und zu den Informationen über die Komplexität des Universums.

Der aktuelle Schulunterricht, der auf dem Planeten Erde abläuft, ist veraltet und hochgradig fehlerbehaftet. Die Kinder lernen an euren Schulen historische Gegebenheiten, die sich teilweise anders oder gar nicht ereignet haben. Der gegenwärtige Unterricht, den menschliche Kinder genießen, bringt ihnen nur einen geringen Prozentsatz des Wissens für ihr Leben, das sie erhalten sollten. Vor allem die Entwicklung der Telepathie und Intuition wurde den menschlichen Kindern durch die dunklen Mächte genommen. Aber die neue Generation an Kindern kommt und sie wird mit anderen Fähigkeiten auf dem Planeten eintreffen und durch ihr gesammeltes Wissen den Horizont von Menschen erweitern, die zeit ihres Lebens nicht fähig sind oder sein werden, ihr Drittes Auge zu nutzen.

Viele menschliche Wesen, welche die Grausamkeiten vergangener Zeiten miterlebten, haben sich gegen ihre Fähigkeiten gewendet oder die Kraft verloren, ihre angeborenen hellsichtigen Fähigkeiten überhaupt einzusetzen. Aber auch sie können ihr Drittes Auge wieder aktivieren. Hierzu haben wir euch in Kapitel 9 des Plejadenbuchs 6 eine kurze Affirmation zur Neutralisation der eigenen Schwüre übergeben, damit eine gute Funktion des Dritten Auges gewährleistet ist.

Jetzt geht es um die Aktivierung des Dritten Auges.

ÜBUNG *für das Chakra des Dritten Auges*

Visualisiere oder sprich drei Mal die Zahlenreihe 3717.

Führe dann die Aktivierung der Heilfrequenzen in deinen Handflächen durch.

Wenn du möchtest, kannst du einen lilafarbenen Amethyst auf das Chakra deines Dritten Auges legen.

Der Amethyst reinigt dieses Chakra mit seinen Fähigkeiten und transformiert darin angestaute Blockaden in seinen Kristallnetzen.

Falls du keinen Kristall zur Hand hast, kannst du ihn dir einfach vorstellen.

Atme tief und lege den lilafarbenen Amethyst auf dein Drittes Auge oder stelle es dir vor. Ein wunderschöner, strahlender Kristall. Verbinde dich mit seinem Bewusstsein und bitte ihn, dir zu helfen, das Chakra deines Dritten Auges zu reinigen.

Stelle dir vor, dass durch diesen Kristall ein wunderschöner, lila-silberner Lichtstrahl zu deinem Dritten Auge gelangt. Dieser Lichtstrahl hat die Fähigkeit zur Transformation und er transformiert mit seinem Licht und kraft seines Strahlens alle angestauten Blockaden und Gedankenmuster, die dieses Chakra belasten.

Lasse diesen Lichtstrahl nun durch deine Zirbeldrüse – deine Epiphyse – hindurchgehen, die sich zwischen deinen Gehirnhälften befindet.

Der von der göttlichen Intelligenz kommende lila-silberne Lichtstrahl verbindet dein Drittes Auge mit deiner Zirbeldrüse im Gehirn.

Dein Drittes Auge und deine Zirbeldrüse erstrahlen wunderschön.

Und dann sprichst du die folgenden Worte …

»Ich gebe jetzt und in diesem Raum alle Blockaden und Belastungen, die das Chakra meines Dritten Auges und meine Zirbeldrüse verunreinigen, an die göttliche Intelligenz ab. Alle Blockaden und Belastungen lösen sich jetzt und in diesem Raum im lila-silbernen Licht der göttlichen Transformation auf. In allen Zeiten und Räumen meiner Gesamtexistenz.

Ich vergebe von ganzem Herzen allen Menschen, Wesen und Seelen, die mich verletzt haben. In allen Zeiten und Räumen meiner Gesamtexistenz.

Ich bitte jetzt und in diesem Raum um Vergebung aller Menschen, Wesen und Seelen, denen ich Schaden zugefügt habe. Ich bitte um Vergebung in allen Zeiten und Räumen unserer Gesamtexistenz.

Ich vergebe mir selbst jetzt und in diesem Raum dafür, dass ich mir durch mein Verhalten selbst geschadet habe. Ich vergebe mir in allen Zeiten und Räumen meiner Gesamtexistenz.

Meine Absicht ist rein und klar.

Danke, danke, danke.«

Gehe nun in Gedanken zum Chakra deines Dritten Auges. Stelle dir vor, dass sich in diesem Chakra eine dreidimensionale Blume des Lebens befindet. Auch dieses Symbol erscheint in lila-silberner Farbe.

Der ganze Amethyst verbindet sich mit dem Symbol der Blume des Lebens.

Die Blume des Lebens ist eine zweidimensionale Darstellung einer multidimensionalen Struktur. Sie bringt dir Harmonisierung und eine zusätzliche Reinigung deines Dritten

Auges. Die Blume des Lebens bringt dir Anbindung an die göttliche Ordnung und ihre Struktur.*

Konzentriere dich erneut auf dein Drittes Auge und verbinde dich mit seinem Bewusstsein. Beobachte, was sich in der Welt dieses Chakras abspielt und welche Lichtwesen sich darin befinden.

Frage nun das Bewusstsein des Chakras des Dritten Auges ...
»Hast du eine Botschaft für mich?
Was kann ich für deine Heilung tun?
Was kann ich für meine Bewusstseinsentwicklung tun?
Ich empfange alle Informationen mit Dankbarkeit.
Danke, danke, danke.«

Durchleuchte das Chakra deines Dritten Auges noch einmal mit klarem lilafarbenen Licht und stelle dir vor, dass sich in diesem Chakra ein wunderschöner durchsichtiger dunkelblauer Kristall befindet.

Sende die Liebe deines Herzens dorthin aus.
Segne es und segne dich selbst auf allen Ebenen deines Seins.
Lasse dir Zeit. Falls du Informationen erhalten hast, schreibe sie auf.

---

* Mehr über die Blume des Lebens erfährst du im Plejadenbuch 5 und auf der wundervollen CD *Die Blume des Lebens – eine Botschaft der Plejader*, die neben Erklärungen und einer geführten Meditation, gesprochen von Pavlina Klemm selbst, auch hinreißende Heilmusik von Michael Reimann enthält. Hörproben findest du auf www.AmraVerlag.de.

Das Kronenchakra

Das Kronenchakra ist ein »Empfänger« für die aus dem Kosmos herbeiströmende Energie. Je feinstofflicher der Mensch wird, desto eher ist er in der Lage, die feinstofflichen Frequenzen und Informationen der Umgebung aufzunehmen. Er beginnt dann, die morphogenetischen Felder, die sich um ihn herum befinden, meisterhaft umzukodieren und die in diesen Feldern enthaltenen Informationen für positive Zwecke zu verwenden.

Feinstofflichkeit ist typisch für das Goldene Zeitalter und lehrt den Menschen, sich an seine irdische sowie kosmische Umgebung anzupassen.

Die feinstofflichen Informationen, die zum Menschen gelangen, binden ihn an morphogenetische Felder der unterschiedlichsten Art an. So hat der Mensch zum Beispiel die Möglichkeit, sich mit reiner Absicht an das morphogenetische Feld des Heilungswissens oder an das Feld der Heiler selbst anzubinden. Er hat die Möglichkeit, sich an das Feld der Ärzte oder der Naturmedizin anzubinden. Er kann sich an das Feld der verschiedensten Sprachen oder Bereiche anbinden, die von der Menschheit oder anderen Zivilisationen erschaffen worden sind.

Die feinstofflichen Informationen gelangen zum Gehirn des Menschen, dessen Synapsen ebenfalls feinstofflicher werden. Ein Mensch, der sich regelmäßig an die kosmische Energie anbindet, besitzt eine größere Anzahl aktiver Synapsen, welche die Informationen der morphogenetischen Felder umkodieren können. Die Lichtimpulse, die durch seine Tätigkeit im Gehirn entstehen, ziehen feinstoffliche Lichtinformationen an.

Die Kapazität des menschlichen Gehirns nimmt dank der Anbindungen an die kosmische Energie und ihre Informationen immer mehr zu. Bei vielen Menschen hat sich die Gehirnkapazität von etwa sechs Prozent bereits auf zwanzig oder gar dreißig Prozent angehoben. Das ist ein gewaltiger Evolutionssprung, denn bisher war es dem menschlichen Wesen nicht möglich, seine Gehirnkapazität zu erweitern. Seit dem Zustrom der feinstofflichen Lichtfrequenzen, die im Jahr 2020 auf dem Planeten einzutreffen begannen, ist die evolutionäre Entwicklung des menschlichen Wesens enorm.

Durch das Kronenchakra fließt zum Menschen vor allem seine Lebensenergie. Das menschliche Herz saugt sie in sein Inneres auf und arbeitet in Form des Herzschlags damit. In regelmäßigen Intervallen leitet das Herz die kosmische Energie, die durchs Kronenchakra eintritt, an das Herzchakra weiter, während es gleichzeitig die Energie der Erde empfängt und diese in sein Muskelgewebe hineinsaugt. Das Kronenchakra nimmt zusätzlich noch die Energie der Sonnenstrahlen auf und gibt sie an den ganzen Körper weiter. Aufenthalte in der Natur stärken dabei immer die Arbeit beider Chakren.

Die zum Menschen hinströmende kosmische Energie enthält das gesamte energetische Spektrum, sämtliche Farben, Formen, Töne und Frequenzen. Diese und andere kosmische Komponenten spielen zusammen und werden dem Menschen in einem »Päckchen« übergeben – der kosmischen Lebensenergie.

Ohne dass er es ahnt, steht der Mensch auf diese Weise in ständiger Kommunikation mit der kosmischen Intelligenz, die ihm seine Lebensenergie in Form dieser Farben, Formen, Töne und Frequenzen eingibt. Die kosmische Intelligenz spricht so mit dem Bewusstsein des menschlichen Körpers. Aber das Bewusstsein des menschlichen Körpers kommuniziert nicht nur mit den kosmischen Komponenten, sondern auch mit den irdischen Komponenten seiner Umgebung, die der menschliche Körper für seine Existenz auf diesem Planeten braucht. Die Kommunikation mit der Umwelt und ihren Frequenzen verläuft automatisch, ohne dass der Geist und die Seele des Menschen das registrieren.

Dein Körper besitzt auch eine eigene Sprache. Er ist an die morphogenetischen Felder des Wissens über den menschlichen

Körper angebunden und des Wissens über menschliche Materie. Eine gute Funktion des Kronenchakras erleichtert ihm die Kommunikation mit der Umwelt und die Anbindung an bestimmte morphogenetische Felder.

Danke deinem Körper für sein Wirken und seine Arbeit mit der kosmischen Lebensenergie und segne ihn für alles, was er für dich leistet. Segne seine Intelligenz.

ÜBUNG *für das Kronenchakra*

Visualisiere oder sprich drei Mal die Zahlenreihe 3717.
Führe die Aktivierung der Heilfrequenzen in deinen Handflächen durch und lege deine Hände danach an dein Kronenchakra. Atme tief.

Stelle dir jetzt vor, dass zu deinem Kronenchakra ein wunderschönes Licht in allen Regenbogenfarben fließt. Dein Kronenchakra ist so aktiv, dass es einen lichtvollen Trichter formt, damit es möglichst viel von dieser kosmischen Energie aufnehmen kann.

Atme tief durch den Mund und lasse den Sauerstoff sich im ganzen Körper verteilen. Stelle dir vor, wie der Sauerstoff alle Organe durchdringt, deine Arme und Beine.

Nun atme tief durch die Nase. Erfülle alle Räume deines Kopfes mit Sauerstoff. Das tiefe Atmen durch die Nase belebt alle Nervenbahnen und Synapsen in deinem Gehirn. Spüre, wie dich der Sauerstoff erfrischt.

Nun atme abwechselnd durch den Mund und die Nase.

Durch deine Atmung verteilst du auch die lichtvolle Regenbogenenergie im ganzen Körper und in deinem Kopf.

Alle Chakren deines Körpers erstrahlen wunderschön.

Alle Chakren deines Kopfes erstrahlen.

Beobachte, wie dein ganzer Körper erstrahlt. Deine Wirbelsäule erstrahlt in diesem Regenbogenlicht.

Durch dein Kronenchakra gelangt dieses Regenbogenlicht ununterbrochen in deinen Körper, der dadurch belebt wird. Das Bewusstsein und die Intelligenz deines Körpers verschmelzen mit diesem magischen Regenbogenlicht und nehmen die heilenden Wirkungen dieses wundervollen Lichts im Herzen auf.

Dein Herz empfängt alle seine Farben, Formen, Töne und Frequenzen. Du spürst, wie dein Herz und dein Körper immer mehr kosmische Lebensenergie erhalten. Dein Herz schlägt regelmäßig.

Visualisiere, dass sich über deinem Kronenchakra das Zeichen der Unendlichkeit befindet. Dadurch stellst du sicher, dass die kosmische Lebensenergie auch weiterhin zu dir strömen wird.

Konzentriere dich erneut auf dein Kronenchakra und verbinde dich mit seinem Bewusstsein. Beobachte, was sich in der Welt dieses Chakras abspielt und welche Lichtwesen sich darin befinden.

Frage nun das Bewusstsein deines Kronenchakras ...
»Hast du eine Botschaft für mich?
Was kann ich für deine Heilung tun?
Was kann ich für meine Bewusstseinsentwicklung tun?
Ich empfange alle Informationen mit Dankbarkeit.
Danke, danke, danke.«

Durchleuchte das Kronenchakra noch einmal mit klarem regenbogenfarbenen Licht und stelle dir vor, dass sich in

> diesem Chakra ein wunderschöner durchsichtiger lila-violetter Kristall befindet.
> Sende die Liebe deines Herzens dorthin aus.
> Segne es und segne dich selbst auf allen Ebenen deines Seins.
> Lasse dir Zeit. Falls du Informationen erhalten hast, schreibe sie auf.

Die Lichtchakren über deinem Kopf

Auch die fünf lichtvollen Chakren, die sich über deinem Kopf befinden, sind Empfänger für Informationen und Frequenzen, die dich von der göttlichen Intelligenz der Zentralquelle erreichen. Sie bilden eine Art »Antenne«.

Die Anzahl der Lichtchakren hängt von der spirituellen Entwicklung des Menschen ab. Fünf Lichtchakren bilden die Grundlage – mit deiner spirituellen Entwicklung entwickeln sich dann weitere Lichtchakren.

Diese Chakren empfangen Urinformationen und Urfrequenzen, die dir in deiner spirituellen Entwicklung wie auch bei der lichtvollen Entwicklung deines Körpers helfen.

Seit Beginn des Jahres 2019 kommen diese Urinformationen und Urfrequenzen verstärkt zum Planeten Erde, noch einmal intensiver seit Ostern 2020, und heilen den ganzen Planeten und seine Bevölkerung, seine Pflanzen und Tiere. Seine Pflanzen und Tiere haben begonnen, sich unglaublich schnell an ihre Urinformationen und Urfrequenzen anzubinden, und sie haben jetzt auch begonnen, viel leichter zu regenerieren.

Mutter Erde beginnt sich ebenfalls anzubinden und kommt immer besser in ihre ursprüngliche Kraft.

Überdies kehren immer mehr Urinformationen und Urfrequenzen zu den Menschen zurück und es treten verstärkt Impulse und Lichtinformationen zur Regeneration der DNA über ihre Lebensenergie in die Menschen ein. Um Ostern 2020 herum intensivierte sich die energetische Überschreibung der DNA-Stränge der Menschen. Auch diese Informationen nehmen den Weg über die Lichtchakren, in die sie in einer bestimmten Form und je nach Bedarf für jeden einzelnen Menschen einkodiert werden.

Am besten funktionieren die Lichtchakren, wenn das Herz des Menschen rein ist und frei von egoistischen, manipulativen und jeglichen negativen Mustern, Gedanken und Emotionen. Wenn das Herz des Menschen gereinigt und rein ist, dehnen sich die einzelnen Lichtchakren zu beträchtlicher Größe aus, damit sie die Lichtinformationen, die von der göttlichen Intelligenz stammen, aufnehmen können.

Diese Lichtinformationen verbinden euch mit eurer göttlichen Essenz, die in der göttlichen Zentralquelle hinterlegt ist. Sie lassen euch bewusstseinsmäßig wachsen und sie erinnern euch daran, dass jeder Einzelne von euch sein eigener Schöpfer ist. Jeder Einzelne von euch trägt einen Teil der göttlichen Heimat in sich und jeder Einzelne von euch hat die Möglichkeit, die göttlichen Lichtinformationen und Lichtfrequenzen zu empfangen.

Euer reines Herz macht euch das möglich.

Ein bestimmter Teil der Zellen, die sich im menschlichen Herzen befinden, hat dich bereits mit der göttlichen Intelligenz und mit deiner göttlichen Heimat verbunden.

Erinnerst du dich, dass wir von bestimmten Regionen im Herzen sprachen, von bestimmten Zellen, die ihre Lichtschwingung bereits angehoben haben? Dadurch wurdest du lichtvoll mit der göttlichen Heimat verbunden. Diese Zellen befinden sich in der Tiefe deines Herzens, im sogenannten »heiligen«

Raum, von dem viele von euch sicher schon gehört haben. Mystiker aus allen Kulturen haben euch darüber informiert und es wurde auch schon darüber geschrieben.* Dieser Raum ist der energetisch bedeutendste Ort in deinem Herzen.

Obwohl dieser Ort im Inneren deines Herzens – in der Nähe des Sinusknotens – winzig klein ist, befindet sich darin ein ganzes Universum. Dieser Raum ist der Eingang, Ausgang und Durchgang zum Feld der göttlichen Quelle und zu den Bewusstseinsfeldern deiner Persönlichkeit. Dieser winzige Ort im Herzen ist ein Eingang, Ausgang und Durchgang zu allen Informationen und Frequenzen der göttlichen Quelle. Dieser winzige Ort verbindet dich mit deiner göttlichen Heimat und mit der Essenz Gottes.

Wer von euch die Gabe der Visualisierung gut beherrscht und gedanklich mühelos in die Tiefen seines Herzens reisen kann, findet sich sehr schnell im Raum der Unendlichkeit der göttlichen Quelle wieder. Er findet sich im Raum des Nullpunktfelds wieder, der Möglichkeiten für alle möglichen Möglichkeiten bietet!

Dieser Raum in den Tiefen deines Herzens wird durch die Reinheit deiner Gedanken und durch die Frequenz der Dankbarkeit aktiviert. Die Frequenz der Dankbarkeit eröffnet die Tore zu diesem heiligen Raum, der zwar winzig klein ist, aber in seinem Wesen großartig, riesig und unendlich wie das Universum selbst.

Die Frequenz der Dankbarkeit eröffnet dir die Tore zum heiligen Raum in deinem Herzen. Und wenn deine Gedankenfelder gereinigt sind, aktivieren sich dieser Raum und der Zugang zur

---

* Wir dürfen hier auf das Buch *Lebe im Licht deines Herzens* und die gleichnamige CD hinweisen, die Pavlina auch wärmstens empfiehlt. Die Autoren Drunvalo Melchizedek und Daniel Mitel haben zahllose Übungen aus verschiedenen Kulturen zusammengestellt, wie man diesen Herzensraum, die sogenannte »fünfte Kammer«, in der Meditation mühelos erreicht. Textauszüge und Hörproben findest du auf www.AmraVerlag.de.

göttlichen Quelle automatisch. Dort befindet sich der Schlüssel, von dem wir immer gesprochen haben. Der Schlüssel, den du in deinem Herzen trägst.

Dieser Raum ist ein Tor, das stets offen bleibt, wenn du deine Gedanken nicht vergiftest und möglicherweise vergiftete Gedanken nicht dein Herz anstecken.

Bei der Aktivierung dieses heiligen Raums blitzt der erste Strahl des göttlichen Lichts im Menschen auf. Dieser Strahl verbindet den Menschen mit weiteren Strahlen der göttlichen Welt und mit den göttlichen Informationen. Die göttlichen Informationen sind wiederum identisch mit den Informationen des betreffenden Menschen, weil jeder Mensch von der göttlichen Quelle abstammt. Jeder Mensch und jede Seele.

Der erste Lichtstrahl, der im Herzen eines Menschen aufblitzt, bewirkt, dass er sich an sein vollkommenes Wesen erinnert. Der erste Strahl verbindet den Menschen mit seinen Urinformationen und Urfrequenzen. Der erste Strahl, der durch den heiligen Raum des Menschen dringt, wird von göttlichen Lichtwesen begleitet, die darauf aufpassen, dass sich der Herzensraum nicht wieder schließt. Der Mensch erhält mit seinem ersten Strahl eine ganze Gruppe von Lichtwesen, die eine große göttliche Aufgabe haben. Und zwar – den Menschen immer wieder an seine Essenz, an sein Wissen, sein Bewusstsein und seinen Ursprung zu erinnern.

Durch die Aktivierung des heiligen göttlichen Raums im Herzen ist der Mensch an eine unendliche Anzahl von Frequenzen, Lichtern, Farben, Tönen und Formen angebunden, die das Herz entziffern kann und die es in Informationen umwandelt, die der menschliche Geist, sein Körper und seine Seele aufnehmen können.

Dieser winzig kleine Raum im Herzen ist der absolute Schlüssel zur Heilung, Regeneration und Erhöhung der Spiritualität des Menschen. Dieser winzig kleine Raum ist ein direkter Zugang zu

Gott. Dieser winzig kleine Raum ist ein direkter Zugang zur Lichtwelt und gleichzeitig ein Zugang zu dir selbst.

Nach der Aktivierung und Ankunft des ersten göttlichen Strahls beginnt die Materie des Menschen zu heilen, das Bewusstsein des Körpers erhöht sich und der Mensch fängt an, in einer höheren lichtvollen Frequenz zu schwingen. Die Seele und der Geist möchten auch die letzten Belastungen loswerden, die sie teilweise noch in sich tragen. Deshalb zeigen sich in vielen Fällen bei Menschen, die ihre jetzige Inkarnation, ihren Geist und ihre Emotionen gereinigt haben, Themen aus vergangenen Inkarnationen, die sich im System dieses Menschen sozusagen in eine Position vorgeschoben haben, die man nicht mehr übersehen kann. Es werden ihm Situationen und Angelegenheiten gezeigt, die ihm fremd sind und in denen er keinen Sinn sieht. In diesem Fall ist es gut, diese karmischen Angelegenheiten mit Dankbarkeit anzunehmen und mit Dankbarkeit zu verarbeiten, damit auch die Erlebnisse der Vergangenheit gehen können und nicht etwa verhindern, dass weitere lichtvolle göttliche Strahlen das Herz des Menschen durchdringen. Je mehr lichtvolle Strahlen das Herz des Menschen durchdringen, desto mehr göttliche Informationen, Frequenzen, Töne, Formen, Farben und Lichtwesen befinden sich beim Menschen.

Über ein reines Herz hat der Mensch Zugang zu höheren Dimensionen. Und auch zu niedrigeren, falls es notwendig ist, etwas in ihnen zu reinigen.

Über ein reines Herz kann der Mensch sich in mehreren Bewusstseinsdimensionen gleichzeitig bewegen. Das Chakra des Dritten Auges lässt ihn all die einzelnen Dimensionen und Welten wahrnehmen und die Lichtchakren über seinem Kopf verbinden ihn mit diesen unterschiedlichen Dimensionen und Welten.

Diese Lichtchakren sind feinstoffliche Zugänge zu Dimensionen, Räumen und Zeiten des einzelnen Menschen. Sie versorgen ihn mit energetisch kodierten Informationen, die der Mensch in den unterschiedlichsten Räumen und Zeiten seiner Realität gesammelt hat. Und sie sind direkt mit dem Bewusstsein des Höheren Ichs des Menschen verbunden. Mit dem Höheren Ich des Menschen kann man sich über den Solarplexus verbinden.

Die Erlebnisse der Seele und des Geistes des Menschen, bei denen er sich ohne seinen physischen Körper in verschiedenen Welten bewegt hat, sind ebenfalls im Gedächtnis der Lichtchakren abgespeichert. Auch Erlebnisse aus Träumen sind hier gespeichert. Im Traum bewegen sich Seele und Geist des Menschen in unterschiedlichen Räumen und Zeiten seiner nichtphysischen Existenz. Die Lichtchakren verbinden die Seele teilweise mit anderen menschlichen Seelen, mit denen sie sich während des Schlafs trifft.

Obendrein sind die Zeitlinien des Menschen in den Lichtchakren kodiert. Deshalb ist es durch Arbeit an den Lichtchakren möglich, die eigene Lebenszeitlinie zumindest ein Stück weit zu beeinflussen. Und es befinden sich in den Lichtchakren auch Lichtwelten, genauso wie in allen anderen Chakren. Es sind also Situationen und Erlebnisse des Menschen in den Lichtchakren kodiert. Der Unterschied besteht nur darin, dass es sich um außerhalb des physischen Körpers durchlebte Erfahrungen handelt.

Wenn der Mensch energetische Manipulationen erfährt, etwa bei der Übertragung energetischer Implantate, bei Verfluchungen oder Anschuldigungen, ziehen sich die Lichtchakren zusammen und empfangen die Informationen der göttlichen Quelle nicht mehr. Ein Mensch, der beispielsweise durch energetische Implantate behindert wird und dadurch Energie und Kraft für die Zukunft verliert, sollte sich dieser Tatsache bewusst sein. Wenn er sich befreien möchte, muss ihm klar sein, dass er energetisch und gedanklich beeinflusst ist und sich vor allem kraft seines Willens befreien kann, durch Vergebung, Ausdauer und Verständnis der Situation. Er muss begreifen, dass eine erneute Anbindung an die göttliche Quelle erst nach der Entfernung der Implantate stattfindet. Bis dahin fühlt er sich natürlich von der göttlichen Quelle abgetrennt. Er muss sich über diese Tatsache erheben und anfangen zu handeln. Dann kehrt die Anbindung zurück.

Die Lichtchakren werden in Zukunft eine immer wichtigere Aufgabe und Funktion beim menschlichen Wesen übernehmen. Durch den starken Zustrom kosmischen Lichts und kosmischer Informationen beginnen sich auch weitere Lichtchakren zu bilden. Sie sind ein Zugang zu Parallelwelten. Sie sind Portale, die den Menschen mit dem kosmischen Licht und mit all seinen Informationen verbinden.

Die wichtigste Funktion der Lichtchakren ist die Verbindung des Menschen mit den Informationen der göttlichen Quelle.

ÜBUNG *für die Lichtchakren über dem Kopf*

Visualisiere oder sprich drei Mal die Zahlenreihe 3717.

Atme dann tief und stelle dir fünf lichtvolle Energiezentren über deinem Kopf vor. Stelle sie dir wie Seifenblasen vor. Sie strahlen wundervoll und haben die Eigenschaft, sich sehr weit auszudehnen.

Du beobachtest, wie lichtvolle Informationen aus der göttlichen Quelle zu diesen Chakren kommen. Es sind Lichtstrahlen, die unterschiedlichste Farben, Formen, Töne und Frequenzen beinhalten. Lichtstrahlen, die dir die Urinformationen aus deiner göttlichen Heimat bringen. Aus der göttlichen zentralen Quelle.

Die Chakren über deinem Kopf saugen diese Informationen in ihre Räume und kodieren sie ein.

Lasse nun dein Herz erstrahlen.

Verbinde dich gedanklich mit dem heiligen Raum in deinem Herzen.

Binde dich an die kosmische Frequenz der Dankbarkeit an. Eine wunderschön goldene, rosa-weiße Farbe fließt in dein Herz hinein.

Dein ganzes Herz nimmt diese Frequenz auf. Und dein heiliger Raum im Herzen, der ein Tor zur göttlichen Quelle ist, ganz besonders.

Und dann sprichst du die folgenden Worte ...

»Ich aktiviere jetzt und in diesem Raum kraft der Frequenz der Dankbarkeit den heiligen Raum in meinem Herzen. Dankbarkeit verbindet mich absolut mit der göttlichen Quelle und ihrer Liebe.

Ich bitte jetzt meine Lichtchakren, die von der göttlichen Intelligenz erhaltenen Informationen in den Bereich des heiligen Ortes in meinem Herzen zu übertragen. Der heilige Raum in meinem Herzen ist aktiviert. Er nimmt die Informationen der Lichtchakren auf und gibt sie ans System meines Körpers, meiner Seele und meines Geistes weiter.

Mein Herz ist mit der göttlichen Quelle und ihrer Liebe verbunden.

Die Liebe der göttlichen Quelle regeneriert meinen Körper und lässt meine Seele und meinen Geist bewusstseinsmäßig wachsen.

Mein Körper, meine Seele und mein Geist nehmen alle göttlichen Informationen auf.

Ich bin mit der Frequenz der Dankbarkeit verbunden. Ich fühle Dankbarkeit. Ich bin Dankbarkeit.
Danke, danke, danke.«

Atme tief. Konzentriere dich erneut auf deine Lichtchakren und verbinde dich mit ihrem Bewusstsein. Beobachte, was sich in der Welt dieser Chakren abspielt und welche Lichtwesen sich darin befinden.

Frage nun das Bewusstsein deiner Lichtchakren …
»Habt ihr eine Botschaft für mich?
Was kann ich für eure Heilung tun?
Was kann ich für meine Bewusstseinsentwicklung tun?
Ich empfange alle Informationen mit Dankbarkeit.
Danke, danke, danke.«

Durchleuchte deine Lichtchakren noch einmal mit goldenem Licht und stelle dir vor, dass sich in ihnen wunderschöne durchsichtige Kristalle befinden.

Sende die Liebe deines Herzens dorthin aus.

Segne sie und segne dich selbst auf allen Ebenen deines Seins.

Lasse dir Zeit. Falls du Informationen erhalten hast, schreibe sie auf.

Eine schnelle Reinigung aller Chakren und die energetische Fixierung dieser Reinigung

Die folgende Übung kannst du beispielsweise abends vor dem Schlafengehen machen, um deinen Chakren zu helfen, ihr Licht erstrahlen zu lassen, falls du den Tag über irgendwelche negativen Belastungen angesammelt hast. Du kannst sie natürlich auch präventiv zu jeder anderen Tageszeit machen. Deine Chakren nehmen deine regelmäßigen energetischen Impulse und das Licht deiner Gedanken auf und kodieren sie in sich ein.

Zur leichteren Visualisierung verwendest du für die Reinigung aller Chakren eine metallisch goldene Farbe. Diese Farbe hilft, in deinen Chakren festsitzende gedankliche Belastungen umzuprogrammieren. Außerdem ist sie die Farbe der Zukunft der Menschheit und der Zukunft des Goldenen Zeitalters.

Und hier folgt die Übung…
 Atme tief.
 Stelle dir vor, dass die unter deinen Füßen befindlichen Lichtchakren wunderschön in metallisch goldener Farbe strahlen.
 Die Lichtchakren unter deinen Füßen geben dieses wundervolle, metallisch goldene Licht an dein Wurzelchakra weiter.
 Dein Wurzelchakra übergibt dieses Licht an das Sakralchakra.
 Vom Sakralchakra aus steigt dieses Licht zum Solarplexus-Chakra auf, dann zum Herzchakra, zum Halschakra, zu den Ohrenchakren, zum Chakra deines Dritten Auges, zum Kronenchakra – und weiter steigt das Licht zu den Lichtchakren über deinem Kopf auf.

Alle Chakren strahlen wunderschön und sind erfüllt vom Licht der göttlichen Quelle.

Stelle dir jetzt unter deinen Lichtchakren, die sich in der Erde befinden, das Zeichen der Unendlichkeit vor.

Dann stellst du es dir im Bereich deines Wurzelchakras vor.

Danach vor dem Sakralchakra und hinter dem Sakralchakra, hinter deinem Rücken.

Anschließend vor und hinter dem Solarplexus, vor und hinter dem Herzchakra, vor und hinter dem Halschakra, neben dem linken und dem rechten Ohr, vor dem Chakra deines Dritten Auges, über dem Kronenchakra und über deinen Lichtchakren, die sich über deinem Kopf befinden.

Und jetzt sprichst du in Gedanken oder laut aus ...

»Alle meine Chakren sind durchleuchtet und aktiviert.

Das heilende göttliche Licht heilt alle meine Chakren.

Ich bin an die Frequenz der kosmischen Heilung angebunden.

Ich segne mich auf allen Ebenen meines Seins.

Ich fixiere die absolute Vitalität meiner Chakren.

Jetzt und in diesem Raum.

Danke, danke, danke.«

Das Verständnis des Sinns und der Funktion der Chakren hat eine große Bedeutung für euch. Über die Chakren können die kosmische wie auch die irdische Energie zu euch fließen. Euer Herz saugt alle hineinkommenden Informationen auf und filtert sie, auch wenn der Zufluss der Informationen zu den einzelnen Chakren stattfindet und sie sich in ihnen einkodieren. Euer Herz ist ein Empfänger für jegliche Informationen. Es kodiert die hereinkommenden Informationen zu seinem Vorteil oder zu seinem Nachteil um.

Es ist kein Wunder, dass ein Mensch, der unter ständigen Sorgen leidet, egal welcher Art, Schmerzen im physischen Herzen bekommt. Ein Mensch, der permanent unter Druck steht, egal welcher Art, leidet unter einem bedrückten Herzen.

Viele Menschen, die in ihren Gedanken und in ihren Sorgen festhängen, erleiden einen Herzstillstand.

Die Menschen nennen es einen Herzinfarkt. Mit ihren ständigen Sorgen, Zweifeln oder anderem Druck verhindern sie, dass das Herz Zugang zur göttlichen, kosmischen Energie und Liebe hat, die alles regelt. Die göttliche Energie und Liebe lenkt jedes Lebewesen dieses Planeten, sie lenkt jedes Element dieses Planeten. Alles verläuft in der Entwicklung so, dass es sich der Liebe der göttlichen Quelle annähert.

Menschen, die ihr Herz vor der göttlichen Liebe verschlossen haben, haben auch den Zugang zu sich selbst verschlossen. Die göttlichen Energien, die sie nähren, haben keine Möglichkeit, zu der göttlichen Essenz in ihrer Seele durchzudringen.

Jedes Chakra hat seine eigene Schwingung und kodiert entsprechende Informationen in sich ein. Trotzdem ist das gesamte komplexe System des Menschen auf die Schwingung und Liebe der göttlichen Quelle eingestellt.

Eure Chakren spielen in eurer Entwicklung eine große Rolle. Je mehr ihr eure Chakren reinigt, desto größer, vielfältiger und schöner werden die Welten in euren Chakren sein. Desto stärker und stabiler wird die Anbindung an die Lichtwesen sein, die für die Welten eurer Chakren zuständig sind.

Je stärker die Anbindung an die Lichtwesen in den Welten eurer Chakren ist, desto stabiler wird eure Körperhülle sein. Und eure Körperhülle wird sich dank des Lichts der Chakren regenerieren und ihre ersten Prozesse des Lichtkörpers starten können.

Frieden mit dir, Frieden mit uns.

Der Zutritt zur Kosmischen Apotheke ist frei für die Menschheit!

Viele Male haben wir euch mitgeteilt, liebe Lichtbotinnen und Lichtboten, dass das Lesen der vorliegenden Texte euer Bewusstsein anhebt. Und wir können sehen, dass ihr, die ihr mit diesen Texten arbeitet, eure Lichtfrequenz allein durch das Lesen bereits angehoben habt. Die Worte in diesen Texten sind positiv aufgeladen und bestimmte einzelne Worte sind Schlüssel für eure Heilung. Eure Seele kann diese Wortschlüssel umkodieren und mit der Umkodierung startet der Heilungsprozess. Viele von euch sind vielleicht, vor allem zu Beginn des Lesens, sehr müde oder schläfrig. Das liegt daran, dass der Heilungsprozess begonnen hat und euer System die angesammelten Negativitäten abgibt.

Und deshalb sind wir überzeugt davon, dass ihr alle, liebe Leserinnen und Leser unserer Texte, euer Bewusstsein bereits angehoben habt und dadurch einen leichteren Zugang zur Kosmischen Apotheke der menschlichen Gemeinschaft habt.

Nun möchten wir euch gerne den Zugang zur Kosmischen Apotheke genauer erklären und erleichtern.

Die Kosmische Apotheke, die ein schier unendliches Wissensfeld hat, ist eine für die menschliche Gemeinschaft bestimmte Apotheke. Jede außerirdische Zivilisation hat ihre morphogenetischen Felder und jede Zivilisation hat von ihrer jeweiligen Bewusstseinsstufe aus Zugang zu ihrer eigenen Kosmischen Apotheke.

Die menschliche Gemeinschaft erlangt den Zugang zu ihrer eigenen Apotheke gerade in dieser Zeit!

Die morphogenetischen Felder der Kosmischen Apotheke sind durch die göttliche Intelligenz schon zu Beginn der physischen Existenz der Menschheit erschaffen worden. Schon vor euch haben viele Generationen die Kosmische Apotheke genutzt, jedoch in den Zeiten von Lemurien und Atlantis. Nach dem Untergang von Atlantis hat die menschliche Gemeinschaft die Anbindung zur göttlichen Intelligenz und somit den Zugang zu dieser Apotheke wieder verloren.

In dieser Zeit eures menschlichen Erwachens und der Bewusstseinsentwicklung, die damit auch eine Zeit der Anhebung der Lichtfrequenzen und Lichtschwingungen des Menschen ist, erhält das menschliche Wesen erneut Zugang zu allen natürlichen und Naturheilmitteln und Naturpräparaten, die für das menschliche Wesen zuständig sind. Für seinen Körper und für seine Seele und seinen Geist.

Unterstützt wird der Zugang des Menschen zu den natürlichen Heilmitteln dieser Apotheke durch die erhöhten Schwingungen der Erde.

Der Zugang zur Kosmischen Apotheke erfolgt am besten über das Herz. Euer Herz ist, wie wir schon oft geschrieben haben, der Schlüssel zu euren Informationen und zu euren Frequenzen. Diejenigen von euch, denen es gelungen ist, den heiligen Raum im Herzen zu aktivieren und die ihre ersten Strahlen der göttlichen Intelligenz empfangen konnten, haben einen leichteren Zugang zu den Mitteln der Kosmischen Apotheke.

In dieser Apotheke existieren alle Naturessenzen und Naturheilmittel, die das menschliche Wesen für seine Heilung benötigt. *Die Aktivierung dieser potenziell unendlich vielen Mittel geschieht über euer Herz mit Hilfe der Frequenz der Dankbarkeit und der Zahlenreihe 8787.*

Diese Zahlenreihe, von der im sechsten Buch erstmals die Rede war, ist eine Zahlenreihe zur Heilung des menschlichen Wesens. Zum Auffinden seiner reinsten Essenz. Diese Zahlenreihe verbindet das menschliche Wesen mit der Seele der Menschheit. Und die Seele der Menschheit ist mit allen notwendigen morphogenetischen Feldern verbunden, welche die Menschheit hervorgebracht hat, und mit allen morphogenetischen Feldern, welche der Menschheit von der göttlichen Intelligenz zur Verfügung gestellt wurden.

Die Zahlenreihe 8787 verbindet euch mit allen Mitteln der Kosmischen Apotheke, die ihr braucht. Sie verbindet euch mit allen Vitaminen, Mineralien, Aminosäuren, Kräutern, Pflanzenextrakten, Bäumen, Essenzen, Aromastoffen, natürlichen Hormonen, kolloidalen Metallen ... mit allem, was der menschliche Körper, der menschliche Geist und die menschliche Seele für ihre Entwicklung und Heilung benötigen. Gleichzeitig verbindet sie euch mit allen Frequenzen, Tönen, Farben und geometrischen Formen, die ihr gerade braucht.

Die Genialität der göttlichen Intelligenz ist so wundervoll!

Wie schon gesagt wurden für jede Zivilisation durch die göttliche Intelligenz morphogenetische Felder geschaffen, welche die für die jeweilige Zivilisation zuständigen Elemente enthalten. Jede Zivilisation hat Zugang zu ihren eigenen Feldern. *Die Entwicklung des Bewusstseins ist der Zugangsschlüssel.*

Die genial durchdachten Informationen, die sich in diesen Feldern befinden, verbinden sich mit morphogenetischen Feldern aus kosmischen Frequenzen, die vom menschlichen Herzen aufgenommen und dort einkodiert werden.

Die unendlichen Möglichkeiten der Verknüpfung der morphogenetischen Felder, die mit einer Geschwindigkeit abläuft, höher als Lichtgeschwindigkeit, lassen die Mittel der Kosmischen Apotheke augenblicklich beim Menschen ankommen. Sobald ihr die Absicht habt, euch mit der Kosmischen Apotheke und ihren Mitteln zu verbinden, kommt es augenblicklich zur Reaktion – der Mensch erhält diese Mittel in Gedankenschnelle.

Einzelne Felder und Frequenzen, die für ein bestimmtes Mittel zuständig sind, um das der Mensch gerade gebeten hat, sind im Moment der Absicht als Eins miteinander verbunden und können umgehend gereicht werden.

In der göttlichen Welt existieren keine Grenzen oder Tempolimits. Zeit existiert darin nicht oder spielt keine Rolle und Raum ist verschiebbar und beweglich.

Die Absicht und der Gedanke der Absicht verbinden den Menschen augenblicklich mit dem benötigten Mittel der Kosmischen Apotheke.

Eine weitere unsagbar wundervolle Komponente dieser Apotheke ist, dass der Mensch keine »Überdosierung« des verabreichten Mittels oder Präparats erleben kann. Die Mittel und Präparate, die dem Menschen von der Kosmischen Apotheke übergeben werden, tragen eine eigene Intelligenz in sich. Sie treten nur dann in das menschliche System ein, wenn das menschliche Wesen dieses Mittel auch braucht. Und wenn ein bestimmtes Element bereits im System enthalten ist oder es im System des Menschen gerade keine Resonanz findet, tritt es gar nicht erst in sein System ein. Die Mittel der Kosmischen Apotheke haben die Fähigkeit, die erforderliche Menge selbst zu dosieren. Die Intelligenz dieser Präparate ist göttlich, denn ihr Ursprung befindet sich in der göttlichen Quelle.

Immer wieder sind wir von der Intelligenz der göttlichen Quelle fasziniert und erfüllt von größter Bewunderung dafür, wie die göttliche kosmische Welt beschaffen ist. Es beglückt uns, dass für jede Situation und für jede Wesenheit dieses unendlichen Geschehens die Möglichkeit existiert, sich in alle Richtungen zu entwickeln!

Nicht einmal wir haben geahnt, dass es eine so unendliche Anzahl an Möglichkeiten gibt. Auch unsere Bewusstseinsentwicklung steigt unablässig, und im selben Maße erhalten wir Informationen, die immer detaillierter werden und die immer umfangreicher werden und tiefer gehen – nicht nur für uns, sondern auch für andere Zivilisationen.

Nicht einmal wir haben früher geahnt, dass für alles eine Antwort und eine Lösung existiert, solange wir die Antworten mit reinem Herzen suchen. Das reine Herz hat uns unendliche Möglichkeiten beschert und diese Möglichkeiten möchten wir an euch weitergeben und euch vermitteln.

Wir möchten euch bei der Suche eurer Essenz und bei der Suche nach dem Wissen helfen, das der Menschheit durch die dunklen Mächte genommen wurde.

Endlich ist die Zeit gekommen, in der die Menschheit nach Jahrtausenden zu ihrem Wissen zurückkehrt, zu ihrer Weisheit und zu ihren Möglichkeiten. Sie kehrt in das spirituelle Stadium ihres Urzustands zurück.

Und wir sind sehr glücklich darüber, dass wir euch begleiten dürfen und dass wir euch mit unseren Informationen helfen können.

Frieden mit euch, Frieden mit uns!
Eure ***Orella***

6

Lichtvolle kolloidale Metalle und die Aufgabe von physischem Gold für den Menschen und den Planeten Erde

Wir möchten euch noch ein paar Informationen zu den in der Kosmischen Apotheke enthaltenen kolloidalen Metallen mitteilen.

Kolloidale Metalle energetisieren und beleben euren Körper durch kosmische, lebensspendende Energie. Euer Körper nimmt diese vor allem über seine Energiebahnen auf – über Meridiane, die auch entlang der Oberfläche eures physischen Körpers verlaufen und einen Teil eurer geometrischen Matrix bilden. Eure geometrische Matrix wird belebt und auf die Matrix eurer Galaxis und die Matrix eurer Erde abgestimmt.

Kolloidale Metalle, die in der Kosmischen Apotheke enthalten sind, können euren Körper sehr gut energetisieren, nähren und verjüngen.

Viele außerirdische Zivilisationen nutzen diese kosmischen Produkte und beleben ihre Körper mit den lebensspendenden

Eigenschaften der kolloidalen Metalle. Dabei ist kolloidales Gold der »Favorit« unter den Metallen. Es kann nicht nur alle Teile des Körpers heilen und verjüngen, es durchdringt auch die Strukturen der DNA, wo es positive genetische Veränderungen bewirkt. Es durchleuchtet und stärkt die Telomere, damit Bestandteile der Chromosomen dem Menschen nicht die Information des Alterns übergeben.*

Der Mensch kann kolloidales Gold auch zur Anbindung an die kosmische Christusenergie verwenden, die eine überwältigende Energie der Liebe in sich trägt.

Ihr wisst ja: Liebe nährt und heilt alles, was ihr euch vorstellen könnt. Die Frequenz der Liebe ist unter allen Frequenzen die machtvollste. Und kolloidales Gold hilft euch dabei, euch mit dieser Liebe zu verbinden, falls ihr mit der Verbindung noch gewisse Probleme habt.

Gold und die Farbe Gold sind ein Symbol für den unendlichen Fluss von Licht und Kraft im Kosmos. Die außerirdischen Zivilisationen, die negativ denken und handeln und seit Jahrtausenden den Planeten Erde besetzen, haben bei ihrer Ankunft nach Gold gesucht und suchen immer noch danach. Sie bauen es im Inneren der Erde ab. Aus diesen Ressourcen erschaffen sie monoatomisches Gold. Dieses Gold ist chemisch aufbereitet und bildet noch kleinere, feinstofflichere physikalische Teilchen als kolloidales Gold.

Die dunklen außerirdischen Zivilisationen benötigen Gold in dieser Form für ihre Regeneration und für verjüngende Wirkungen. Sie können sich nicht an die Frequenz der lichtvollen kolloidalen Metalle anbinden, weil ihr Herz durch manipu-

---

* Ein Telomer ist das Ende beziehungsweie der Endabschnitt eines Chromosoms und sorgt für die Stabilität der gesamten DNA. Telomere scheinen auch eine große Rolle beim Alterungsprozess eines Lebewesens zu spielen. Sie verkürzen sich nämlich mit zunehmendem Alter des Lebewesens, so dass prinzipiell die Verkürzung der Telomere ziemlich genau mit dem biologischen Alter eines Lebewesens übereinstimmt.

lative Gedanken, böswillige Absichten und Aggressivität verschlossen ist. Deshalb brauchen sie Gold in dieser physischen Form. Die Wahrheit ist, dass sie dank dieses goldenen Stoffes mehrere tausend Jahre alt werden, weil ihre genetische Information dank der Eigenschaften von Gold auf Langlebigkeit programmiert wird.

Außerirdische Zivilisationen besetzen den Planeten vor allem aus dem Grund, dass sich Gold in der Erde befindet. Sie haben die Menschheit unter der Prämisse von Reichtum, Macht und Vorherrschaft über jegliche Bevölkerung ursprünglich deshalb versklavt, um mit ihrer Hilfe an den auch für sie so kostbaren Rohstoff zu gelangen.

Ihr Menschen könnt anders mit Gold umgehen. Ihr könnt es in physischer Form als kolloidales Gold verwenden. Ihr könnt damit eure Lebensenergie anheben und es regeneriert auch euren Körper. Ihr könnt es aber ebenso visualisieren, dann schützt es euch vor negativen Einflüssen aus der Umgebung, vor Energien und negativen Wesen.

Außerdem könnt ihr es in Form von Lichtfrequenzen verwenden. Ihr könnt es in Form von Tönen verwenden, weil Töne jede Zelle eures Körpers durchdringen.*

Die Wirkungen von Gold waren den Alchemisten längst vergangener Zeiten bekannt.

Sie wurden für ihre Fertigkeiten im Umgang mit Gold bestraft, aber ihr Wissen ist bis heute in ihren gemeinsamen morphogenetischen Feldern gespeichert.

Die Wirkungen von Gold sind absolut fantastisch. Es ist ein allmächtiges natürliches Heilmittel, welches das pharmazeutische

---

* Hier möchten wir noch einmal auf die Heilmusik der wundervollen CD *Kolloidales Gold* hinweisen. Michael Reimann verwendet darauf die Frequenzen des reinen Metalls Gold, unterstützt durch die Schwingung 432 Hertz, bei der Mensch, Natur und Kosmos harmonisch im Einklang schwingen. Hörproben findest du auf www.AmraVerlag.de.

System bewusst in den Hintergrund geschoben hatte. Das pharmazeutische System wusste sehr genau, dass sich mit den Frequenzen und Eigenschaften des Goldes fast alle Erkrankungen des Menschen heilen lassen.

Auch die Gedanken des Menschen können mit goldenen Frequenzen geheilt werden. Die metallische goldene Farbe ist am besten für die Umprogrammierung oder Umschreibung belastender Gedankenmuster geeignet.

Die Welt und die Menschheit streben jetzt auf das Goldene Zeitalter zu, in dem sich die Erde endgültig mit den goldenen Frequenzen und Strahlen der kosmischen Christusliebe verbindet. Goldene Farbe aktiviert im menschlichen Herzen eine neue energetische Form für die neuen Frequenzen des Goldenen Zeitalters.

Die Menschheit hat zu viele starke energetische Verletzungen der Systeme Körper, Geist und Seele erlitten.

Es reicht weit zurück und hält bis heute an. Die Mittel und kolloidalen Metalle der Kosmischen Apotheke können dem Menschen jetzt, zu Beginn des Goldenen Zeitalters, wieder ins Gleichgewicht und Heilung bringen.

Falls der Mensch noch nicht so weit ist, die Mittel der Kosmischen Apotheke in Lichtform zu nutzen, kann er natürliche Mittel und Präparate in physischer Form anwenden. Viele benötigen eine erhöhte Dosierung von Vitalstoffen, weil vor allem die körperliche Materie wegen der erhöhten Frequenzen und Energien der Erde und des Kosmos mehr Vitamine, Mineralien und Nährstoffe verbraucht. Wenn ihr wollt, könnt ihr den Gebrauch physischer Mittel mit den Mitteln der Kosmischen Apotheke kombinieren.

Die Mittel der Kosmischen Apotheke sind natürlich auch vollkommen rein und beinhalten nicht die geringsten Zusatzstoffe, die in den meisten physisch hergestellten Präparaten enthalten sind. Sie haben auch keinerlei Nebenwirkungen, da sie ihre eigene Intelligenz besitzen.

Und das Beste ist: Den Zugang zur Kosmischen Apotheke hat jeder Einzelne von euch! Es hängt allein von der Frequenz der Dankbarkeit ab, die ihr in eurem Herzen tragt. Sie verbindet euch mit der Kosmischen Apotheke.

Und entgegen den meisten Verlautbarungen braucht ihr auch nicht zu befürchten, dass der Rohstoff Gold begrenzt ist. Natürlich wurden innerhalb von Jahrtausenden bereits Unmengen von Gold und wertvollen Metallen aus den Tiefen eurer Erde ausgegraben. Aber euer Planet hat glücklicherweise die großartige Fähigkeit, sich zu regenerieren, und erschafft immer mehr und mehr seiner Mineralien und wertvollen Erze. Er erschafft Gold, weil dieses Mineral für ihn selbst eine wichtige Aufgabe und Funktion hat. Es bildet in ihm ein System von Meridianen. Diese Meridiane vernetzen den gesamten Planeten energetisch. Sie verbinden ihn gleichzeitig mit den Meridianen der Galaxis.

Die Verletzungen, die der Erde durch die Föderung von Gold zugefügt wurden, »heilen« momentan, weil die Erde die aus dem Kosmos, aus der göttlichen Quelle, kommenden goldenen Frequenzen in sich aufnimmt. Sie erzeugt dank dieser goldenen energetischen Frequenzen feinstoffliche energetische Netze und verbindet sie mit den physischen Goldmeridianen, damit fürs Erste ihr Meridiansystem ganz ist, ohne Risse. Die Kristallnetze in der Erde helfen hier energetisch.

In den Jahren 2030 bis 2032 sollte die Menschheit in die Hochphase des Goldenen Zeitalters aufgestiegen sein. Dann dürfte das Bewusstsein der Menschheit so weit ausgebildet sein, dass sie ihre Vorräte an Gold, die als Zahlungsmittel genutzt wurden, an die Erde zurückgeben kann.

In dieser Zeit wird wohl definitiv jegliche Zahlungsform wegfallen. Mit Hilfe von Technologien, die schon lange auf ihren Einsatz gewartet haben, wird die Menschheit dann zur Materialisation von Gegenständen in der Lage sein.

Und die Vorräte an physischem Gold, die dem Planeten entwendet wurden, gibt die Menschheit dann an das Innerste der Erde zurück. Die Erde wird sie voller Dankbarkeit entgegennehmen und damit ein noch stärkeres und mächtigeres System von Meridianen hervorbringen, das die Menschheit und alle auf diesem Planeten lebenden Wesen auf eine weitere Stufe in ihrer Bewusstseinsentwicklung hebt.

Frieden mit euch, Frieden mit uns.

7

Übung zur Anbindung an die Kosmische Apotheke

Die beste Art, mit der Kosmischen Apotheke zu arbeiten, ist die Programmierung auf Wasser. Ihr könnt aber auch über euer Herz mit der Kosmischen Apotheke arbeiten und die Mittel oder Präparate direkt empfangen. Durch die Programmierung auf Wasser erhaltet ihr eine Essenz, die dem ganzen Körper gut tut, weil sie sich über das Wasser mit Hilfe der Zellintelligenz in alle Bereiche eures Körpers ausbreitet, die Unterstützung oder Hilfe benötigen. Die so gewonnene Essenz wird absolut alles beinhalten, was euer Körper, eure Seele und euer Geist benötigen. Ihr könnt natürlich auch nur um das Mittel oder Präparat bitten, das ihr gerade speziell braucht.

Der Zugang zur Kosmischen Apotheke erfolgt über die Zahlenreihe **8787**. Sie ist wie ein Schlüssel, der den Eingang zu dieser Apotheke für die menschliche Gemeinschaft öffnet. Den Zutritt ermöglicht dir die Seele der Menschheit, mit der du über die Zahlenreihe **8787** in Kontakt trittst.

In dieser lichtvollen Apotheke befinden sich lichtvolle Wächter und Lichtwesen, die euch die entsprechenden Präparate sofort bringen und euer Wasser programmieren. Oder sie senden das

Präparat direkt zu eurem Körper aus, falls ihr darum bittet. Diese Wesen sind von der göttlichen Intelligenz entsandt.

Übrigens: Wenn ihr Wasser für eure tierischen Lieblinge programmieren wollt, müsst ihr einen anderen Zugang benutzen. Die Zahlenreihe **8787** ist lediglich der Zugang zu den morphogenetischen Feldern der Menschheit. Den Zugang zu den Feldern der Tiere beschreiben wir euch noch.

Vorbereitung für die Übertragung von Präparaten aus der Kosmischen Apotheke

Stelle ein Glas Wasser bereit. Es sollte ohne Kohlensäure sein ...

Und dann durchleuchte dein Herz.

Lasse die Frequenz der Dankbarkeit in dein Herz einfließen. Fühle sie. Die Frequenz der Dankbarkeit ist der erste Schlüssel zur Anbindung an die Kosmische Apotheke. Sie hat eine wunderschöne goldene, rosa-weiße Farbe.

Verbinde dich nun mit dem heiligen Ort in deinem Herzen. Deine Absicht ist ausreichend.

Visualisiere als Nächstes die Zahlenreihe **8787** vor deinem Herzen. Du kannst sie in goldener Farbe visualisieren. Aber es kommt nicht auf die Farbe an. Du trittst so mit der Seele der Menschheit in Kontakt, die dir den Zugang zur Kosmischen Apotheke ermöglicht.

Lasse nun einen Lichtstrahl der Dankbarkeit aus deinem Herzen aufsteigen. Dein Lichtstrahl durchdringt unterschiedlichste Licht- und Bewusstseinsdimensionen und die Räume der kosmischen, göttlichen Höhen.

Jetzt verbinde dich kraft deiner Absicht mit dem morphogenetischen Feld der Kosmischen Apotheke. Verbinde dich anschließend mit den lichtvollen Wächtern und den Lichtwesen dieser Apotheke. Deine Dankbarkeit verbindet euch.

Sprich deine Bitte aus ...
»Liebe Wächter und Lichtwesen der Kosmischen Apotheke!
Ich bitte nun um Heilmittel, Frequenzen, Töne, Farben und geometrische Formen, die mein Körper, meine Seele und mein Geist benötigen.
Dankbarkeit verbindet mich mit euch.
Zeit und Raum sind eins.
Danke, danke, danke.«

Lege das Glas Wasser jetzt an dein Herz. Sofort findet die Übertragung der Heilmittel statt. Wenn du möchtest, kannst du das Glas länger an deinem Herzen lassen. Handle intuitiv.
Verbinde dich danach bewusst mit dem Wasser in deinem Glas.
Bitte es, alle Heilinformationen aufzunehmen. Segne es. Sende die Liebe und Dankbarkeit deines Herzens dorthin aus. Bedanke dich beim Wasser.
Bedanke dich auch bei den Wächtern und Lichtwesen.
Bedanke dich bei der Seele der Menschheit.
Trenne deinen Lichtstrahl vom morphogenetischen Feld der Kosmischen Apotheke wieder ab. Lasse dein Herz weiter im Licht der Dankbarkeit erstrahlen.
Nun kannst du dein programmiertes Wasser schluckweise trinken. Es ist eine Essenz. Wenn du diese Essenz über mehrere Tage hinweg nutzen möchtest, kannst du sie mit einer größeren Menge Wasser verdünnen. Ein Esslöffel auf einen Liter Wasser genügt.

> Wenn du das Gefühl hast, dass du die Essenz auf einmal trinken solltest, kannst du auch das tun. Am nächsten Tag kannst du dir wieder neues Wasser programmieren. Wir haben bereits mitgeteilt, dass die Heilmittel keine Nebenwirkungen aufweisen und ihre eigene Intelligenz haben. Du kannst nichts falsch machen.
>
> Nach der Programmierung wird dein Wasser wahrscheinlich einen anderen Geschmack annehmen. Der Geschmack richtet sich danach, welche Heilmittel dein Wasser nun beinhaltet. Wenn du Bitterkeit schmeckst, sind vermutlich Bitterstoffe enthalten, aber das muss nicht bedeuten, dass nur Bitterstoffe enthalten sind. Vielleicht hat es jetzt auch einen sauren oder metallischen Geschmack, schmeckt nach Kräutern oder nach etwas anderem, das du gerade benötigst. Dein Wasser kann auch seine Färbung verändern.

Die Kosmische Apotheke bietet euch allen unzählige Möglichkeiten. Auch eure Chakren können sich mit den Präparaten, Frequenzen, Farben, geometrischen Formen oder Tönen reinigen. Das bringt eurem Körper und euren Organen unsägliche Erleichterung. Eure gesamte Energie wird sich erhöhen und die Bewusstseinsfelder der Chakren verbinden eure einzelnen Organe mit den kosmischen Bewusstseinsfeldern dieser Organe. Eure Organe werden dann wieder in der Sprache der einzelnen Planeten und Sterne, an die sie mit ihrer Matrix angebunden sind, kommunizieren können.

Jeder von euch hat sich für seine Geburt eine bestimmte Planetenkonstellation ausgewählt. Jeder von euch war vor seinem Abstieg auf die Erde mit seinem karmischen Plan und mit seinem Leben auf der Erde einverstanden. Jeder von euch war mit seinem Lebensplan einverstanden, aber für viele von euch ist das Leben auf diesem Planeten unerfreulich, weil die Planetenkonstellationen im Augenblick eurer Geburt große Bürden in die irdische Inkarnation eingebracht haben.

Jeder von euch, der sich für diese Inkarnation entschieden hat, ist vor allem eines – nämlich mutig.

Ihr habt euch für diese Inkarnation entschieden, obwohl ihr wusstet, dass die unverarbeiteten Themen aus vergangenen Inkarnationen eure Chakren verschließen werden. Chakren, die energetische Zugänge zur umgebenden kosmischen Welt und zu den euch nährenden Planeten sind. Jeder von euch wusste, dass das Leben auf diesem Planeten sich nur in teilweiser energetischer Anbindung an den Kosmos abspielen würde.

Die Planeten und Sterne eurer umgebenden Welt machen euer Matrixsystem aus und ihre Frequenzen sind wie Puzzleteile, die sich zu einem kompletten Körperbild fügen. Der Einfluss der planetarischen Frequenzen wurde von der menschlichen Gemeinschaft bisher übersehen und unterschätzt. Mit jedem gereinigten Chakra erhalten bestimmte Organe eine Anbindung an die planetarische Gemeinschaft, die für das menschliche Wesen zuständig ist. Dabei spielt die planetarische Konstellation eurer Geburt hier auf der Erde, wie bereits gesagt, eine ganz enorme und nicht wegzudenkende Rolle.

Die Frequenzen und das Licht der Planeten verbinden sich zur Reinigung der Chakren automatisch mit dem Menschen. Als Farben aus dem Kosmos durchleuchten sie die Chakren und werden über sie zu bestimmten Organen transportiert. Während sie dieses wundervolle Licht aus dem kosmisch-planetarischen Geschehen anziehen, beginnen die Chakren immer reiner zu strahlen. Die planetarische Frequenz der Dankbarkeit und Harmonie zum Beispiel, die vor allem mit dem Planeten Venus verbunden ist, heilt und aktiviert euer Herz. Die Venus nimmt diese Frequenz aus der göttlichen Quelle auf.

Euer Körper ist ein Zusammenspiel der einzelnen Organe und der einzelnen energetischen Systeme. Eure Organe sind mit ihrem Bewusstsein an die kosmischen morphogenetischen Felder der Sprache der Organe angebunden. Wenn ihr mit euren Organen kommunizieren wollt, schickt ihnen eure Dankbarkeit. Jedes Organ wird euch danach detaillierte Informationen darüber geben können, was es gerade braucht. Jedes Organ hat sein eigenes Bewusstsein, seine eigene Intelligenz und seine eigene Seele.

Der menschliche Körper hat noch keine absolute Anbindung an die Frequenz der Planeten und an die Sprache der Organe erfahren. Er wurde so lange durch dunkle Wesen und Mächte manipuliert und gehandicapt. Bisher hat er keine Leichtigkeit und Langlebigkeit erfahren, wie es in den Zeiten war, bevor die menschliche DNA manipuliert wurde.

Der menschliche Körper wird in der nächsten Zeit eine Renaissance erleben. Er wird sich schon sehr bald von der langjährigen Manipulation und vom Verlust der Vitalität und Gesundheit erholen können.

Wir werden euch bei diesen Schritten begleiten.

Frieden mit euch, Frieden mit uns.

＃ Anbindung an die Kosmische Apotheke der Tiere

Die meisten Tiere, die frei in der Natur leben, haben ihre aus der göttlichen Quelle stammende Urfrequenz mittlerweile schon empfangen und in ihre Systeme integriert. Sie haben auf diese Weise ihren göttlichen Urzustand der Gesundheit, Natürlichkeit und Vitalität erreicht.

Und doch ist das Programmieren von Wasser auch für eure tierischen Lieblinge, die in eurem Haushalt leben, äußerst sinnvoll. Haustiere werden vor allem durch Elektrosmog beeinflusst. Außerdem übernehmen sie leicht negative Energien der Familienmitglieder, vielleicht auch genau eure. Sie helfen euch durch ihre Anwesenheit, euch von Negativitäten oder negativen Emotionen und Gedanken zu reinigen. Viele Haustiere und vor allem Hunde bekommen dabei die unterschiedlichsten Krankheiten. Oft ist es Krebswachstum. Sie übernehmen einfach die Negativitäten ihrer Herrchen und Frauchen.

Falls eure Haustiere häufig krank oder an einer bestimmten Krankheit gestorben sind, seht zu, ob ihr an eurer Lebenseinstellung nicht etwas ändern könnt. Vielleicht hat euer Hund ja Krebs entwickelt oder ist an Krebs gestorben? Das könnte aber auch daran liegen, dass sein Körbchen vielleicht an einem Platz steht, an dem sich Störzonen befinden.

Bevor ihr mit der nachfolgenden Programmierung beginnt, ist es wichtig zu wissen, dass jede Tierart ihre übergeordnete Seele hat, die für die jeweilige Art zuständig ist.

Übergeordnete Seelen existieren zum Beispiel für Hunde, Katzen, Pferde, Rinder oder Kaninchen. Auch haben Hunderassen solche übergeordneten Seelen; es gibt die übergeordnete Seele der Dalmatiner, Retriever, Dackel. Der Einfachheit halber werden wir mit der übergeordneten Seele der Tierart arbeiten, uns aber nicht mit den einzelnen Seelengruppen beschäftigen.

Die übergeordnete Seele eures Tieres verbindet es genauso mit den zugehörigen morphogenetischen Feldern der Kosmischen Apotheke, wie die übergeordnete Seele der Menschheit euch mit der Kosmischen Apotheke verbindet.

Programmierung von Wasser für dein Lieblingstier

Wenn du Wasser für deinen tierischen Liebling programmieren möchtest, führe bitte die folgenden Schritte aus ...

Stelle ein Glas Wasser bereit und lasse es in deiner Nähe. Durchleuchte dein Herz mit Liebe und Dankbarkeit. Verbinde dein Herzenslicht mit dem Herzenslicht deines Tieres. Falls das Tier nicht in deiner Nähe ist, genügt es, sich virtuell mit ihm zu verbinden.

Verbinde dich dann mit der Seele deines Tieres.

Lasse nun einen Lichtstrahl der Dankbarkeit aus deinem Herzen aufsteigen. Dein Lichtstrahl durchdringt verschiedene

Licht- und Bewusstseinsdimensionen und die Räume der kosmischen göttlichen Höhen.

Dein Lichtstrahl verbindet sich mit der übergeordneten Seele deines Tieres.

Spüre diese Verbindung.

Die übergeordnete Seele deines Tieres verbindet dich jetzt mit den lichtvollen Wächtern und Lichtwesen der Kosmischen Apotheke der Tiere.

Dankbarkeit verbindet euch alle.

Sprich deine Bitte aus ...
»Liebe Wächter und Lichtwesen der Kosmischen Apotheke!
Ich bitte jetzt um Heilmittel, Frequenzen, Töne, Farben und geometrische Formen, die der Körper, die Seele und der Geist meines Tieres momentan brauchen.

Dankbarkeit verbindet mich mit euch.

Zeit und Raum sind eins.

Danke, danke, danke.«

Die Programmierung geschieht augenblicklich. Wenn du möchtest, lasse das Wasser sich so lange programmieren, wie deine Intuition es dir sagt.

Nun verbinde dich bewusst mit dem Wasser in deinem Glas. Bitte es, alle Heilinformationen aufzunehmen. Segne es. Sende die Liebe und Dankbarkeit deines Herzens dorthin aus. Bedanke dich beim Wasser.

Bedanke dich noch einmal bei den Wächtern und Lichtwesen. Bedanke dich bei der übergeordneten Seele deines Tieres.

Trenne deinen Lichtstrahl vom morphogenetischen Feld der Kosmischen Apotheke und von der übergeordneten Seele deines Tieres ab.

> Trenne dich energetisch von deinem Tier ab.
> Lasse dein Herz weiter im Licht der Dankbarkeit strahlen.
> Segne dein Tier und lasse sein Herz ebenfalls strahlen.

Du kannst deinem Tier die so gewonnene Essenz auf einmal zu trinken geben oder du kannst sie verdünnen. Du kannst sie auch seinem Futter beigeben.

Falls dein Tier aktuell nicht trinken oder fressen möchte, übertrage die Mittel nicht auf Wasser, sondern unmittelbar in das Herz deines Tieres oder in eine bestimmte Körperstelle. Bitte die übergeordnete Seele deines Tieres und die Lichtwesen der Kosmischen Apotheke für Tiere genauso darum wie in der vorgestellten Übung. Handle intuitiv.

Wir wünschen dir gutes Gelingen und viel Erfolg!
Frieden mit euch, Frieden mit uns

9

Die übergeordnete Seele eurer Familie und die energetische Arbeit mit ihr

Die Zeit, in der ihr euch gerade befindet, ist eine Zeit, die alle existierenden Systeme hier auf der Erde hin zur göttlichen Ordnung ausgleicht. Alle veralteten Systeme werden nach und nach in Formen umgewandelt, die für alle Menschen nützlich sind. Gleichberechtigung und Gerechtigkeit treten in jegliche Systeme dieses Planeten ein.

Für viele von euch ist diese Zeit unübersichtlich und lässt euch nicht zur Ruhe kommen. Viele von euch fragen sich, wo sie eigentlich anfangen sollen und welches System aus ihrer Sicht als Erstes verändert werden sollte.

Wir wissen, welche Gedanken euch umtreiben. Wir wissen, dass ihr euch oft fragt, ob euer Handeln auf diesem Planeten auch wirklich konkrete Ergebnisse hervorbringt. Wir verstehen eure Besorgnis.

Wenn ihr wirklich konkrete Ergebnisse für eure Zukunft erreichen wollt, beginnt als Allererstes damit, das System eurer irdischen Familie zu heilen. *Eure Familie ist die absolute Grund-*

lage für die neue positive Zukunft! Für eure Zukunft und die eurer Familie und eurer Nachkommen: Heilt das System eurer irdischen Familie!

Macht euch bewusst, dass die Familiensysteme, die ihr um euch herum seht, häufig keinem Familienmitglied mehr Glück, Energie oder Unterstützung bieten. Vielleicht lebt ihr selbst in einer dysfunktionalen Familie oder einer, die für euch unerträglich fehlerbehaftet ist. Das ist in eurer Zeit eher die Regel als die Ausnahme. Die meisten Familiensysteme befinden sich wegen des Einflusses der dunklen manipulativen Mächte und Wesen in einem Zustand, der inzwischen kaum noch jemanden von euch fröhlich und glücklich macht.

Häufig leben die Familienmitglieder in einem Stadium des Krieges, des Hasses oder in einem Zustand, in dem bestimmte Familienmitglieder den Kontakt zueinander abgebrochen haben. Das hat meistens karmische Gründe. All dies senkt die Energie des gemeinsamen morphogenetischen Feldes, das jede Familie entwickelt. Jede Familie trägt all ihre Eigenschaften und Fähigkeiten, ihr Wissen, ihre Weisheit, aber auch die Negativitäten in ihrem Familienfeld. Jedes Familienmitglied ist mit diesem Feld verbunden.

Diejenigen menschlichen Wesen, die sich für eine bessere und glückliche Zukunft entschieden haben und ihre eigenen Systeme zu heilen vermochten, haben neue positive Felder geschaffen. Sie haben mit ihrem Licht und mit ihren positiven Frequenzen zumindest einen Teil des morphogenetischen Felds der ganzen Familie geheilt.

Es gibt aber nicht nur das morphogenetische Bild einer Familie, sondern auch dessen übergeordnete Seele.

Eine solche übergeordnete Seele ist für jeden Familienangehörigen zuständig. Sie verbindet die Familienmitglieder untereinander und wünscht sich nichts anderes, als dass zwischen ihnen Frieden und Verständnis herrschen.

Wir wissen, dass die Beziehungen in der Familie durch karmische Ursachen oft gestört oder zerbrochen sind. Vielleicht wurde das durch eine Woge des Hasses, des Neids, der Bosheit oder anderer Negativitäten unter einzelnen Familienmitgliedern ausgelöst. In dieser Zeit ist die Wiedergutmachung der Familiensysteme absolut unerlässlich. Eine solche Wiedergutmachung von Beziehungen, wenn auch Schritt für Schritt, zumindest auf Seelenebene, bringt Heilung für die ganze Familie.

Und eine solche Heilung ist in dieser Zeit wichtiger als jemals zuvor, denn *Negativitäten, unverarbeitete Informationen, die in den morphogenetischen Feldern und Familiensystemen enthalten sind, nisten sich bei den eintreffenden Kindern der neuen Generationen ein.* Die Zeit der Wiedergutmachung und des Verständnisses der Familiensysteme steht deshalb genau in dieser Zeit an. Die Familie ist die absolute Grundlage!

In der Zeit von Lemurien, als die Menschen auf diesen Planeten gelangten, stellte die Familie ein heiliges Prinzip und eine heilige Grundlage dar. Sie bildete eine Grundlage für Unterstützung, eine Grundlage für Gesundheit auf allen Ebenen und eine Grundlage für liebevolles Verständnis.

Sicher habt ihr im Laufe eures Lebens schon viel zur Heilung eurer Persönlichkeit unternommen. Das war sehr gut so, es war euer erster und wichtigster Schritt. Macht nun auch den zweiten Schritt und fangt an, mit eurer reinen Absicht das Familiensystem eurer irdischen Familie zu heilen.

Ihr seid deshalb hier zusammengekommen, damit jeder von euch den Sinn dieser Inkarnation versteht.

Ihr seid deshalb hier zusammengekommen, damit jeder von euch versteht, dass karmische Angelegenheiten nicht mehr in diese Welt gehören, in der ihr als Menschheit gerade in neue Dimensionen einer neuen positiven Zukunft aufsteigt.

Ihr seid deshalb hier zusammengekommen, damit ihr durch euer Verständnis wieder die Liebe in eurem Herzen findet und euch über die karmischen Angelegenheiten, die sich euch in dieser Zeit möglicherweise verstärkt zeigen, erhebt.

Ihr seid deshalb hier zusammengekommen, damit ihr diese karmischen Angelegenheiten ein für alle Mal loslasst und anfangt, euch auf die reinste Essenz zu konzentrieren, die alle eure Familienangehörigen in sich tragen. Jeder von euch befindet sich zwar in einer anderen Stufe der Bewusstseinsentwicklung seiner Evolution, aber jeder von euch, ohne Ausnahme, trägt seine reinste göttliche Essenz in sich, die euch alle verbindet!

Ihr seid deshalb hier zusammengekommen, damit ihr die übergeordnete Seele eurer Familie heilt. Sie schreitet von Inkarnation zu Inkarnation mit euch voran und freut sich über jeden eurer Fortschritte und über jeden eurer Freudenmomente.

Eure Familie ist die Grundlage. Früher oder später kehren die Familiensysteme in einen natürlichen familiären Zustand ohne Hass und ohne Bosheit zurück. Früher oder später begreift jeder Mensch, dass eine gesund funktionierende Familie das beste Team ist, das er sich wünschen kann.

Versucht schon heute, erste Schritte für eure Familie und für die übergeordnete Seele eurer Familie zu tun. Macht die ersten Schritte und entfacht das Licht in den Herzen eurer Familienangehörigen. Erwartet keinen Dank und auch keine sofortige Verbesserung der Situation. Seid euch aber bewusst, dass die Seele jedes einzelnen Mitglieds eurer Familie jede, wirklich jede energetische Arbeit registriert. Vielleicht registriert der Geist eurer Familienangehörigen eure Arbeit zunächst nicht und ihr werdet das Gefühl haben, dass ihr durch eure Arbeit nichts bewirkt habt. Glaubt aber daran, dass jede Seele aller eurer Familienmitglieder eure Arbeit und das Licht eurer Taten in sich einkodiert. Und jede Seele erhält dadurch die Möglichkeit, eure Arbeit zur richtigen Zeit an ihren Geist und Körper weiterzugeben.

Mit jeder Arbeit von euch, mit jedem Gedanken und jeder positiven Emotion von euch heilt ihr einen Teil des gemeinsamen morphogenetischen Felds. Ihr heilt und durchstrahlt damit das Licht der übergeordneten Seele eurer Familie.

Kein positiver Gedanke, keine positive Emotion oder Tat geht verloren.

Jeder positive Gedanke, jede positive Emotion oder Tat gesellt sich zu anderen positiven Gedanken, Emotionen und Taten weiterer lichtvoller Felder und lässt dadurch die Zukunft eurer Kinder und die Zukunft der ankommenden Kinder der neuen Generationen erstrahlen.

Für eure nachfolgende Arbeit an eurem Familiensystem ist es am besten, wenn ihr damit beginnt, eure Gedanken über die vorangegangenen Zeilen dieser Botschaft zu ordnen – wenn ihr euch bewusst werdet, dass ihr durch euer Verständnis der karmischen Situation eurer Familie Schritt für Schritt dabei helfen könnt, einen großen Teil eures Familiensystems zu heilen.

Verbindung mit der übergeordneten Seele deiner Familie

In der folgenden Übung werden wir dich bitten, dich mit der übergeordneten Seele deiner Familie zu verbinden. Außerdem werden wir dich bitten, dieser übergeordneten Seele ein paar Zeilen des Dankes zu schreiben. Dadurch nimmst du eine große Last von einem Großteil deiner Familie und deinen nächsten Angehörigen.

Falls du die Informationen oder Signale der übergeordneten Seele deiner Familie noch nicht empfängst, kannst du die nachfolgende Übung trotzdem durchführen und dadurch die Seele der Familie ohne ein bestimmtes Thema von belastenden Emotionen befreien. Deine Absicht ist für ihre Heilung ausreichend.

Und jetzt atme tief und bereite dich auf eine bewusste Verbindung mit der übergeordneten Seele deiner Familie vor. Durchleuchte dein Herz mit der Frequenz der Dankbarkeit. Verbinde dich kraft deiner Absicht mit dem heiligen Ort in deinem Herzen. Fühle die Dankbarkeit in deinem Herzen.

Visualisiere die Zahlenreihe **8787** vor deinem Herzen.

Visualisiere sie in einer goldenen, rosa-weißen Farbe.

Verbinde dich jetzt mit deinen Lichtwesen. Verbinde dich mit Erzengel Michael, verbinde dich mit Erzengel Rafael.

Und nun sprich laut oder in Gedanken ...

»Ich rufe jetzt und in diesem Raum alle Lichtwesen zu mir, die mir helfen können, mich mit der übergeordneten Seele meiner irdischen Familie zu verbinden, und die mir helfen können, diese übergeordnete Seele von ihren Belastungen zu befreien.

Ich nehme eure Hilfe mit der Dankbarkeit meines Herzens an. Danke, danke, danke.«

Durchstrahle dein Herz mit noch hellerem Licht und lasse dieses Licht aus deinem Herzen in alle Räume und Zeiten deiner Existenz aufsteigen.

Beobachte, wie sich das Licht deines Herzens in alle Richtungen ausdehnt.

Und nun sprichst du wieder laut oder in Gedanken ...

»Ich trete jetzt mit der übergeordneten Seele meiner Familie und der näheren Verwandtschaft meiner irdischen Familie in Kontakt.

Meine Lichtbegleiter begleiten mich.

Liebe Seele meiner Familie, bitte teile mir mit, unter welchen belastenden Emotionen oder belastenden Programmen du am meisten leidest und welche dich am meisten blockieren. Ich empfange jede Nachricht von dir mit Dankbarkeit.

Danke, danke, danke.«

Spüre, welche Emotion oder Information zu dir kommt. Nimm dir Zeit dafür und empfange die Informationen, die dir die Seele deiner Familie soeben mitteilt.

Und dann sprichst du laut oder in Gedanken ...
»Im Namen meiner Familie bitte ich dich um Vergebung für alles Negative, was dir angetan wurde. Ich bitte dich von ganzem Herzen um Vergebung.

Ich bitte Erzengel Michael und alle Lichtwesen, die mir helfen können, um energetische Reinigung der übergeordneten Seele meiner Familie.

Ich bitte Erzengel Rafael und alle Lichtwesen, die mir helfen können, um Heilung der übergeordneten Seele meiner Familie.

Löst bitte alle negativen Belastungen in göttlichem Licht auf. Raum und Zeit sind eins. Meine Absicht ist rein und klar.

Danke, danke, danke.«

Lasse die Lichtwesen nun wirken.

Sende die Liebe und Dankbarkeit deines Herzens zu ihnen aus. Sende die Liebe und Dankbarkeit deines Herzens zur Seele deiner Familie aus.

Hiermit hast du die ersten Schritte zu ihrer Heilung getan.

Du kannst deiner Familie jetzt ein paar Zeilen der Dankbarkeit schreiben. Dafür haben wir eine leere Seite mit der Zahlenreihe **8787** in den vier Ecken vorbereitet.

Gerne kannst du dort den Brief an die Seele deiner Familie niederschreiben. Verwende dabei deine eigenen Gedanken oder die Zeilen aus dem folgenden Musterbrief. Wenn du das hier als eBook liest oder du dein Buch schonen möchtest, kannst du den Brief natürlich auch auf ein Blatt Papier schreiben. Aber versieh die vier Ecken mit der Zahlenreihe **8787**.

Und vielleicht möchtest du auch vier Kerzen vor dir platzieren, damit deine Gedanken der Dankbarkeit beim Schreiben für die Lichtwelt sichtbar werden?

Ein Musterbrief an die übergeordnete Seele deiner Familie

»Im Namen meiner ganzen Familie danke ich (dein Name) dir dafür, dass du uns begleitest und für uns existierst. Ich danke dir dafür, dass du uns alle kraft deiner reinsten Essenz und Liebe verbindest.

Im Namen meiner ganzen Familie bitte ich dich um Vergebung uns allen gegenüber dafür, dass wir dir durch unser Handeln Unrecht getan haben. Im Namen meiner ganzen Familie bitte ich dich um Vergebung in allen Zeiten und Räumen unserer gemeinsamen Existenz hier auf der Erde.

Danke, danke, danke.

Im Namen meiner ganzen Familie danke ich dir dafür, dass du meine Familie hier auf der Erde beschützt. Ich danke dir dafür, dass du über meine im menschlichen Himmel befindliche Familie wachst. Im Namen meiner ganzen Familie sende ich dir Licht und Dankbarkeit für deine Existenz. Im Namen meiner ganzen Familie segne ich dich. Ich segne deine lichtvolle Heimat.

Danke, danke, danke.«

Durch eure Arbeit für die Seele der Familie helft ihr nicht nur der irdischen Familie, sondern auch der Familie in den Dimensionen des menschlichen Himmels.

Ihr seid alle untereinander verbunden. Es kommt nicht darauf an, in welcher bewusstseinsmäßigen, räumlichen oder zeitlichen Ebene sich die einzelnen Mitglieder eurer Familie gerade befinden. Eure Familie bildet ein Ganzes und durch die Arbeit im irdischen Sein heilt ihr auch die Seelen eurer Angehörigen in den Dimensionen des menschlichen Himmels. Euer gesamtes morphogenetisches Familienfeld erstrahlt und die negativen Muster, die die ganze Familie belasten und die von Generation zu Generation weitergegeben werden, können endlich in Licht transformiert werden.

Krankheiten oder Programme der Sucht wie Alkoholismus in der Familie können durch ein Verständnis für die karmischen Angelegenheiten ins Licht abgegeben werden. Vermeintlich genetische Informationen, die von Generation zu Generation übertragen werden, müssen nicht wirklich genetischen Ursprungs sein. Ein Neugeborenes ist noch rein und trägt die reinste göttliche Essenz in sich. Sein kleiner Körper, Geist und seine Seele sind absolut rein. Doch mit der Zeit trifft es in seiner Familie auf die Informationen des morphogenetischen Familienfeldes, die sich auf sein System übertragen, wie zum Beispiel die von Alkoholikern. Das Kind dieser Familie übernimmt diese Informationen. Die morphogenetischen Felder verändern seine DNA-Struktur. Aber dafür gibt es eine Möglichkeit der energetischen Hilfe, die wir euch in den nächsten Texten mitteilen werden.

Werdet euch dessen bewusst, dass es Unfrieden und Böses in der Familie gibt, weil dunkle Mächte euch Jahrtausende lang manipuliert haben. Das Ergebnis und von ihnen gewollte Produkt ist ein ungesundes Familienumfeld. Werdet euch dessen bewusst, dann spart ihr euch eine Menge persönlicher Enttäuschung. Eure un-

terschiedlichen Erwartungen, die ihr vielleicht gegenüber anderen Familienmitgliedern in der Tiefe eurer Seele hegt, können natürlich nicht erfüllt werden, solange ihr nicht versteht, dass eure Familienmitglieder nach alten manipulativen Programmen handeln, die ihnen eingegeben wurden. Hört auf zu erwarten, dass die Familienmitglieder sich so verhalten werden, wie ihr es euch wünscht. Ihr erspart euch dadurch Enttäuschungen. Bemüht euch vielmehr, über ihre Programme hinauszusehen. Durchleuchtet diese Programme und die Herzen eurer Familienangehörigen mit Licht und mit eurer Liebe. Segnet sie und falls ihr spürt, dass eure Familienmitglieder bereit dafür sind, sprecht mit ihnen über die karmischen Angelegenheiten, durch die sie buchstäblich versklavt wurden und die ihnen tägliches Leid einbringen. Seid ihnen ein lichtvolles Beispiel. Verändert euren Standpunkt, verändert euer Verhalten, verändert eure Taten. Seid für andere ein Vorbild, dann wird sich mit der Zeit eure Positivität auch auf sie übertragen. Schritt für Schritt, wie wir immer sagen.

Arbeitet intuitiv mit der übergeordneten Seele eurer Familie. Helft ihr energetisch und lichtvoll. Und sie wird an Kraft gewinnen und euch und eurer ganzen Familie helfen. Der irdischen wie der lichtvollen Familie im menschlichen Himmel.

Frieden mit euch, Frieden mit uns.

10

Eine neue Zahlenreihe zur Regeneration, für die optimale Entwicklung und zum Schutz eurer DNA

Diese Zeit bringt so viele Veränderungen und Umbrüche mit sich, dass wir euch möglichst viele hilfreiche Informationen mitteilen möchten, damit eure Bewusstseinsentwicklung sich auf optimale Weise verwirklichen kann.

All die unzähligen Ereignisse und Situationen, die sich gerade vollziehen, setzen den Geist des Menschen einer riesigen Anzahl von Informationen und Wahrnehmungsreizen aus, die das Gehirn des Menschen erst einmal empfangen und verarbeiten muss. Die Synapsen in eurem Gehirn arbeiten bereits schneller, als es noch 2019 der Fall war, und die Rezeptoren, die ihre Informationen an die Synapsen weiterleiten, schwingen schneller als früher. Die Informationen der Außenwelt können somit schneller aufgenommen und durch das Gehirn verarbeitet werden. Die lichtvolle Entwicklung des Menschen hat die Arbeit der Gehirnstrukturen erhöht. Informationen von der Umwelt wie auch von der Lichtwelt können durch den Menschen jetzt viel schneller verarbeitet werden.

Menschen, die häufig meditieren und energetisch arbeiten, haben die Kapazität des Bewusstseins ihres Gehirns bereits weiter erhöht, so dass sich eine größere Anzahl an Synapsen bilden konnte. Auch die Zirbeldrüse hat sich rapide entwickelt und geeignete energetische Bedingungen für den Empfang von Informationen aus der Lichtwelt geschaffen.

Durch eure lichtvolle Entwicklung macht eure DNA in enormem Tempo große Fortschritte bei der Entwicklung eures Körpers, eures Geistes und eurer Seele.

Eure DNA optimiert sich damit zusehends, zumal die lichtvollen Informationen und Impulse aus der göttlichen Intelligenz euch immer rascher erreichen. Schon um Ostern 2020 trafen vermehrt Lichtinformationen aus der göttlichen Quelle für die menschliche DNA bei euch ein. Sie gelangten durch die Lichtchakren über eurem Kopf in euren Körper. So kam es zu ersten und sehr erfolgreichen Überschreibungen jener Bereiche eurer DNA, die nicht direkt für den menschlichen Körper, sondern für das menschliche Bewusstsein zuständig sind. Euer Bewusstsein empfängt nämlich Informationen von der DNA und gibt sie an euren Körper weiter. Eure DNA, die in ihrer inneren Struktur identisch mit der kreisförmigen Struktur der Blume des Lebens ist, passt euch energetisch an die Bewusstseinsfelder dieser Galaxis ein, die Teil des Kosmos und der göttlichen Intelligenz sind.

Die menschliche DNA wird künftig fähig sein, den Menschen in den göttlichen Urzustand seines göttlichen Plans zu bringen, in seine kosmische Matrix. Die Regeneration eurer DNA ermöglicht eurem Körper Langlebigkeit und eurem Bewusstsein eine enorme Entwicklung. Eure DNA ist in der Lage, sich sehr schnell zu regenerieren und fehlerhafte Informationen auf die ursprüngliche göttliche Ordnung umzuprogrammieren.

Kolloidales Gold, das ihr in der Kosmischen Apotheke erhalten könnt, unterstützt euch dabei, eure DNA zu einem guten energetischen Fließen zu verhelfen. Begleitend solltet ihr dazu möglichst viel sauerstoffreiches Wasser trinken. In der *Dritten Botschaft der Plejader zur aktuellen Lage* vom April 2020 (»Ein neues Matrixsystem galaktischer Ordnung«) haben wir euch mitgeteilt, dass die göttliche Intelligenz lichtvolle Informationen zur Regeneration der menschlichen DNA ins Element Wasser einprogrammiert hat. Also – durch das Trinken von Wasser oder beim Aufenthalt in Wasser regeneriert ihr eure DNA und heilt ihr gleichzeitig die Genetik eurer Person und eurer Familie.

Jeder von euch ist wichtig. Jeder von euch ist ein nicht wegzudenkendes Element dieses wundervollen Aufstiegsgeschehens. Fehlerhafte genetische Felder werden umprogrammiert und ganze Familienkonstellationen wieder zur vollen Gesundheit finden. Auf euch warten Zeiten, erfüllt von positiven Veränderungen und Abenteuern.

In dieser Zeit, in der sich die Entwicklung auf allen Ebenen in so großem Tempo vollzieht, ist es allerdings noch erforderlich, die Entwicklung eurer DNA extern zu unterstützen und gleichzeitig intern zu schützen. Ihr befindet euch gerade mitten im Prozess einer energetischen Überschreibung eurer DNA in neue energetische Formen. Negative, von der Außenwelt kommende Informationen und vor allem Elektrosmog, Chemikalien in der Luft und Konservierungsstoffe in Lebensmitteln schaden eurer DNA sehr und lassen sie sich nicht so entwickeln, wie es für euch am besten wäre.

Wir möchten euch daher eine Zahlenkombination mitteilen, die eurer DNA dabei hilft, sich optimal zu entwickeln. So kann eure DNA sich regenerieren und erhält energetischen Schutz.

Diese Zahlenreihe lautet **4374**.

4734

Eure DNA-Stränge reichen über die Begrenzungen eures physischen Körpers hinaus und nehmen feinstoffliche, schädliche Informationen der Umgebung in sich auf. Schädliche Informationen und Fremdeinflüsse sowie Gifte degenerieren eure DNA, sie schaden ihrer Entwicklung, sie schaden eurer Genetik und letztlich auch der Genetik eurer nächsten Familienmitglieder, mit denen ihr in engem Kontakt steht. Ihr seid über die feinstofflichen Informationen eurer DNA miteinander verbunden.

Diese Zahlenreihe ist für alle bestimmt, denen die Situation auf der Erde so weit klar ist, dass sie verstehen, wann sie angewendet werden sollte. Pharmazeutische Präparate, die viele Jahre lang den Menschen belastet und die natürliche Funktion seiner Organe oder Teile seiner Körpermaterie degeneriert haben, können dank dieser Zahlenkombination neutralisiert werden – und die menschliche Materie kann sich erholen.

Diese Zahlenreihe ist nicht nur eine aus vier Ziffern bestehende Aneinanderreihung von Zahlen. Jede Ziffer wurde durch uns energetisch programmiert und an morphogenetische Felder angebunden, die heilende und schützende Wirkungen haben. Jede Ziffer ist außerdem an Felder von Farben, Tönen, geometrischen Formen und Frequenzen angebunden – je nachdem, welche Art der Heilung ihr gerade benötigt. Hinter jeder dieser Ziffern verbirgt sich eine riesige Anzahl weiterer Zahlenkombinationen, die zu kennen für euch aber nicht weiter wichtig ist. Wir stellen euch der Einfachheit halber diese vier Ziffern zur Verfügung, die das ganze Spektrum der Wirkungen beinhalten.

Diese Zahlenreihe hat auch eine sehr stark reinigende Funktion und hilft eurem Körper, Schadstoffe wie Toxine, chemische Präparate oder Konservierungsmittel auszuscheiden. Ihr könnt sie bei Kindern anwenden, die geimpft werden mussten oder Antibiotika verabreicht bekamen. Belastende Stoffe und Informationen werden dann aus dem Körper des Kindes ausgeschieden und die Stabilität der DNA verbessert. Ihr könnt sie auch bei Chemotherapien oder anderen schwerwiegenden Therapien einsetzen.

Diese Zahlenreihe unterstützt ganz allgemein die Regeneration der DNA und verringert gleichzeitig ihre Degeneration oder Alterung. Sie greift über ihre Ziffernkombination auf von uns geschaffene morphogenetische Felder zu, welche von lichtvollen Wächtern gehütet werden, die nach Verwendung dieser Zahlenreihe harmonisch mit euch arbeiten, euren Körper reinigen und eure DNA optimieren.

Sie helfen eurem Körper, robuster und widerstandsfähiger gegen die Außenwelt und ihre Schadstoffe zu sein.

Verwendet diese Zahlenreihe am besten in goldener Farbe. Die Farbe Gold hilft dabei, fehlerhafte genetische Informationen zu überschreiben. Außerdem ist Gold die Farbe der Zukunft, die Farbe des Goldenen Zeitalters.

Die aus dem Kosmos kommenden Frequenzen, die von der menschlichen DNA empfangen werden, sind von goldener Farbe. Ihr Zustrom wird sich weiter verstärken, bis eure gesamte DNA schließlich golden funkelt.

Lichtvoll programmiertes Wasser bringt dem Körper und Geist wertvolle Impulse zur Regeneration der DNA. Schreibe dazu die Zahlenreihe mit goldener Farbe auf ein Stück Papier. Stelle ein Glas Wasser auf diese Zahlenreihe und lasse sie mindestens drei Minuten lang wirken. Danach kannst du das Wasser beliebig schluckweise trinken.

Bei der Anwendung dieser Zahlenreihe ist es immer notwendig, viel zu trinken, um den Körper bei der Ausscheidung von Giften und Schadstoffen aus seinem System zu unterstützen. Du kannst diese Zahlenreihe aber auch visualisieren, deine Hände darauf legen oder sie niederschreiben und in deiner Nähe aufbewahren. Handle intuitiv.

Frieden mit euch, Frieden mit uns.

11

Bienen und Mandalas zu ihrem Schutz

Die Bienen, die auf dem Planeten Erde leben, kommen von den Planeten der Plejaden. Sie wurden in alten Zeiten auf diesen Planeten gebracht, damit sie mit ihrer Anwesenheit und mit dem grenzenlosen Fleiß, den sie in sich tragen, die damals auf der Erde lebende plejadische Zivilisation mit ihrer plejadischen Heimat verbinden. Die Bienen sind bis heute mit der ursprünglichen Heimat der Plejaden verbunden. Sie tragen die Frequenz des Plejadengestirns in sich. Der Honig, den sie mit ihrem Fleiß erzeugen, trägt die plejadische Essenz und plejadische Heileigenschaften in sich.

Auf unseren Planeten lebt eine große Anzahl verschiedenster Bienenarten. Manche von ihnen sind wesentlich größer als die auf dem Planeten Erde lebenden Bienen. Sie bilden eine eigenständige Gemeinschaft mit eigener Intelligenz. Einige Arten dieser körperlich größeren Bienen leben in Gebieten, die ihrer spirituellen Entwicklung und der Vorbereitung ihrer eigenständigen Existenz auf anderen Planeten dienen.

Bienen sind ein unglaublich fleißiges und weises Volk. Wir bezeichnen sie als Volk, weil ihre Intelligenz und Weisheit enorm sind und um ein Vielfaches die Bewusstseinsfelder der meisten auf dem Planeten Erde lebenden Insektenarten übersteigen, denen wir dieses Volk nicht zuordnen möchten. Wir ehren Bienen zutiefst.

In letzter Zeit haben elektrische und elektronische Strahlung, die den irdischen Bienen sehr schaden, zugenommen. Auch chemische Mittel, die in der Landwirtschaft verwendet werden, bedrohen die Bienen und ihre Existenz. Diese unglückliche Situation wird sich in nächster Zeit zum Positiven verändern, was uns sehr freut.

Technologien, die die Eigenschaften der freien Energie nutzen, werden den Elektrosmog beträchtlich verringern. Dank dieser Technologien wird der gesamten Bevölkerung, der Gesamtexistenz der Menschheit und allen Wesen dieses Planeten geholfen. Diese Technologien wird die Menschheit schon sehr bald nutzen können.

Bis dahin ist es aber notwendig, das Volk der Bienen gut zu schützen. Imker, die sich der unglaublich wichtigen Arbeit der Bienenzucht widmen, helfen der Natur und vor allem den Menschen, weil es ohne die Bestäubungsarbeit der Bienen nicht so viele Erträge gäbe.

Bienen lieben Regelmäßigkeit. Bienen lieben alles Symmetrische, alles, was in die göttliche Ordnung passt. Imker und Menschen, die den Bienen helfen wollen, können Mandalas verwenden. Mandalas heilen die Energie der Bienen und bringen sie in die göttliche Ordnung zurück.

Dank der Mandalas haben Bienen die Fähigkeit, sich zumindest teilweise vor elektronischem und Elektrosmog zu schützen. Ihre energetische Signatur kann sich dann stabilisieren und ihre Systeme erhalten die Möglichkeit, schädlichen Stoffen aus der Umgebung mehr Widerstand entgegenzubringen.

Bienen sind sehr eng mit dem Element Luft verbunden. Der Patron des Elements Luft ist Erzengel Rafael, der ihnen ebenfalls sehr gut energetisch helfen kann, wenn ihr ihn darum bittet. Sie lieben die Energie und das Licht der Sonne. Ihre Verbindung mit Ra, der Seele der Sonne, ist einzigartig.

Den Bienen in eurem Garten oder an Orten, an denen sich Bienen befinden, helft ihr am besten mit dem hier abgebildeten Mandala. Seine Symbolik wirkt harmonisch auf sie. Imker können dieses Mandala auf dem Boden des Bienenstocks anbringen. Die Signatur dieses Mandalas wurde durch uns energetisch programmiert. Natürlich könnt ihr aber auch ein anderes Mandala für eure Bienen verwenden. Handelt intuitiv.

Wir raten euch außerdem, die Zahlenreihe **3717** zu benutzen, welche die Bienen mit ihrer plejadischen Heimat verbindet. Sie bringt ihnen Heilung, Schutzfrequenzen und das Licht ihres Gestirns. Diese Zahlenreihe könnt ihr auf Plätze schreiben, an denen sich oft Bienen befinden, ihr könnt sie auch in die Nähe des Mandalas schreiben.

Oder ihr programmiert Wasser mit dieser Zahlenreihe, mit dem ihr die Pflanzen gießt, zu denen die Bienen fliegen. Die Pflanzen geben die Heilfrequenzen an sie weiter.

Wir danken euch von ganzem Herzen für die Hilfe, die ihr diesem unglaublich wichtigen und liebenswerten Volk darbietet.

Frieden mit euch, Frieden mit uns.

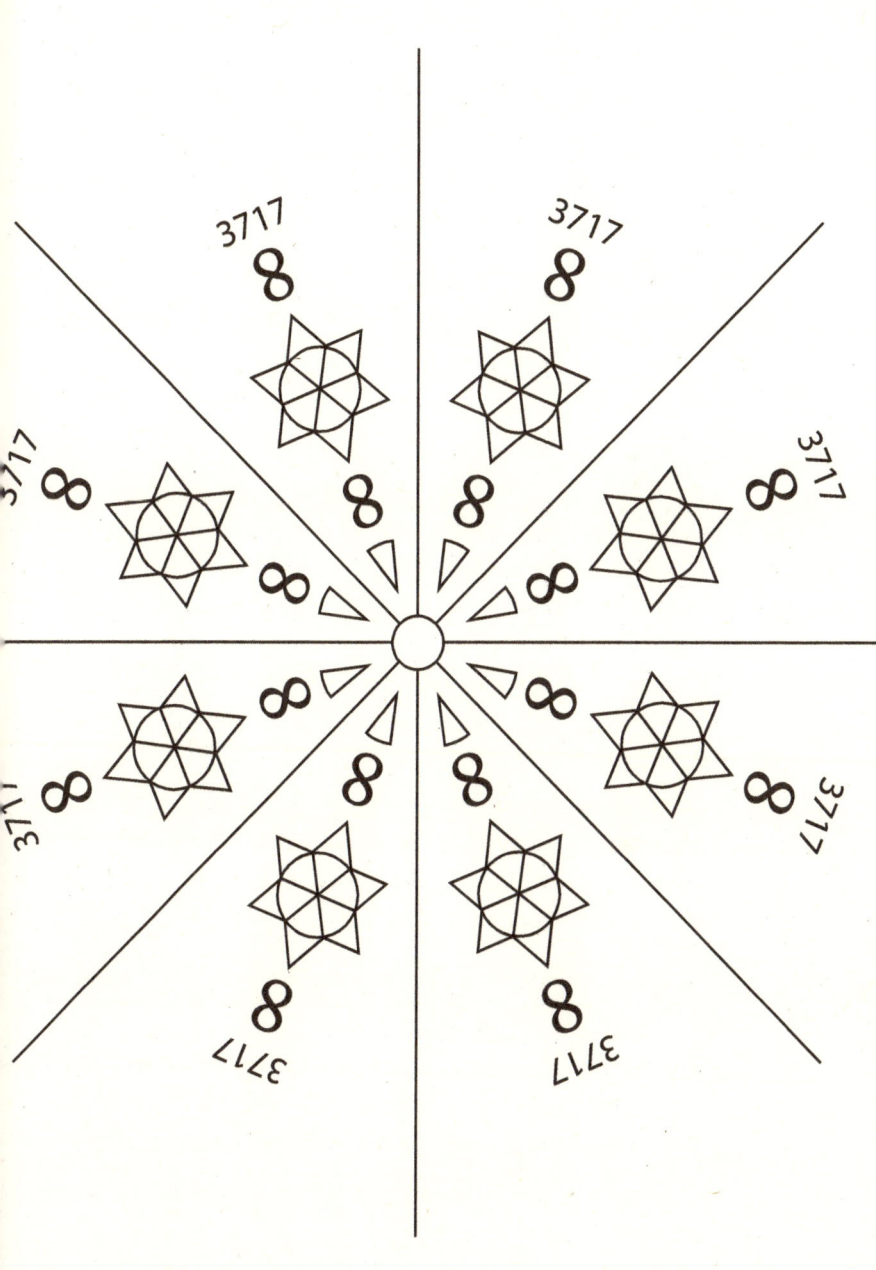

12

Meditation für alle Kinder dieses Planeten

Nun möchte ich, Orella, euch eine kurze Meditation für alle Kinder dieses Planeten übergeben. Sie ist für alle Kinder, die euch begleiten, für alle Kinder, die noch auf diesem Planeten inkarnieren werden, und für alle Kinder, die euch verlassen haben.

Sie haben diese Welt verlassen, weil sie für sie keine Welt der Freude, des Glücks und der Harmonie war. Sie haben diese Welt verlassen, ohne dass ihnen die Erreichung des Erwachsenenalters oder der Jugend zugestanden wurde.

Viele Kinder haben diese Welt aus karmischen Gründen verlassen, in die sie eingewilligt hatten.

Viele Kinder haben ihr physisches Leben aber auch in den unterirdischen Bauten dieses Planeten verloren.

Viele Kinder sind verschwunden und wurden missbraucht.

Mit dieser Meditation und mit diesen Worten möchte ich vor allem den Eltern helfen, deren Kind frühzeitig verstorben ist oder das verschwunden ist, ohne dass sie bis heute wissen, was eigentlich aus ihrem Kind wurde.

Alle Kinder, die ihr physisches Leben auf diesem Planeten verlassen haben, fanden Glück und Frieden in den himmlischen

Höhen. Alle menschlichen Kinder, und ganz egal, aus welchen Gründen sie diesen Planeten verlassen haben, wurden von den schönsten, strahlendsten und lichtvollsten Engeln begleitet, die ihr euch nur vorstellen könnt.

Den Seelen der menschlichen Kinder geht es sehr gut. Alle Kinderseelen wurden in die lichtvollen Dimensionen begleitet. Alle Kinder befinden sich in den besten Händen der lichtvollen Engelwesen.

Für menschliche Kinder ist das Reich der Engel zuständig, die ihre Seelen in den lichtvollen Dimensionen fortwährend begleiten, die sich um sie kümmern und mit ihnen spielen. Die Kinder haben in diesen Dimensionen alles, was ihre Seele glücklich macht. Sie sind nicht allein. Sie haben Engelfreunde und Tierwesen um sich herum.

Die Seelen von Kindern, denen während ihres physischen Lebens Unrecht getan wurde, wird dort liebevolle Heilung zuteil, damit sie in den nächsten Inkarnationen ohne Belastungen und ohne belastende Erinnerungen auf diesen Planeten herabkommen können.

Die göttliche Intelligenz hat sich für die absolute Heilung der Erinnerungen dieser Kinder entschieden. Die göttliche Intelligenz erlaubt den dunklen Mächten nicht, dass die Seelen dieser Kinder erneut verletzt werden.

Denn die gesamte Menschheit entwickelt sich lichtvoll und steigt in eine lichtvolle Zukunft auf. Die Manipulation der Menschheit durch die dunklen Wesen wird ein für alle Mal beendet. Die Menschheit hat sich Gott sei Dank an ihre göttliche Essenz und an ihre lichtvolle Existenz erinnert.

Und das bringt der ganzen Menschheit Heilung.

Die Kinder, die sich auf diesem Planeten befinden, haben einen riesigen Anteil an eurer positiven Zukunft.

Zusammen mit den Kindern, die nach und nach auf diesem Planeten inkarnieren werden, erschaffen sie eine Bewusstseinsgemeinschaft, die die Systeme dieses Planeten heilen wird. Kinder sind eure Zukunft!

Für alle Kinder dieses Planeten

Verbinde dich aus ganzem Herzen mit den Engelwesen, die für die menschlichen Kindwesen zuständig sind. Deine Absicht ist ausreichend.

Verbinde dich mit Erzengel Metatron. Verbinde dich mit Erzengel Gabriel. Beide Erzengel sind Schutzpatrone der Kinder.

Verbinde dich mit Erzengel Rafael, der dir hilft, die entsprechenden Kinder zu heilen.

Und jetzt sprichst du laut oder in Gedanken ...
»Ich rufe alle Lichtwesen zu mir und bitte sie von ganzem Herzen um Unterstützung bei meiner energetischen Arbeit.

Ich bitte um Hilfe für alle Kinder, die vorzeitig diesen Planeten verlassen haben. Bitte reinigt die Seelen dieser Kinder von ihrer Vergangenheit, heilt ihre Erinnerungen. Durchleuchtet ihre Vergangenheit mit göttlichem Licht.

Ich bitte jetzt um Hilfe für alle Kinder, die auf diesem Planeten leben. Reinigt bitte alle Kinder von ihrer schweren Vergangenheit. Reinigt und heilt die gesamten Systeme dieser Kinder. Lasst die Belastungen und Programme, die sie durch ihre Familien und vergangene Generationen ihrer Familien in sich tragen, sich im göttlichen Licht auflösen.

Durchleuchtet ihre kleinen Körper, ihre Seelen und ihren Geist mit göttlichem Licht. Durchleuchtet ihre Vergangenheit mit göttlichem Licht, durchleuchtet ihre Gegenwart, durchleuchtet ihre Zukunft.

Ich bitte nun um Hilfe für alle Kinder, die noch auf diesem Planeten inkarnieren werden. Reinigt ihre Vergangenheit, heilt ihre Erinnerungen. Durchleuchtet ihre Seelen mit göttlichem Licht. Durchleuchtet ihre Zukunft auf diesem Planeten mit göttlichem Licht.

Danke, danke, danke.

Ich segne alle Kinder dieses Planeten.

Ich segne alle Kinderseelen, die diesen Planeten verlassen haben.

Ich segne alle Kinderseelen, die sich auf ihre Inkarnation vorbereiten.

Ich segne ihre Vergangenheit, ich segne ihre Gegenwart, ich segne ihre Zukunft.

Ich segne ihre Existenz.

Danke, danke, danke.«

Ich danke euch allen für diese energetische Arbeit und diese Unterstützung. Jede positive Arbeit heilt das gesamte morphogenetische Feld eurer Kinder – der verstorbenen, der lebenden und all eurer zukünftigen Kinder.

Eure Liebe und euer Licht heilt sie alle.
Eure **Orella**

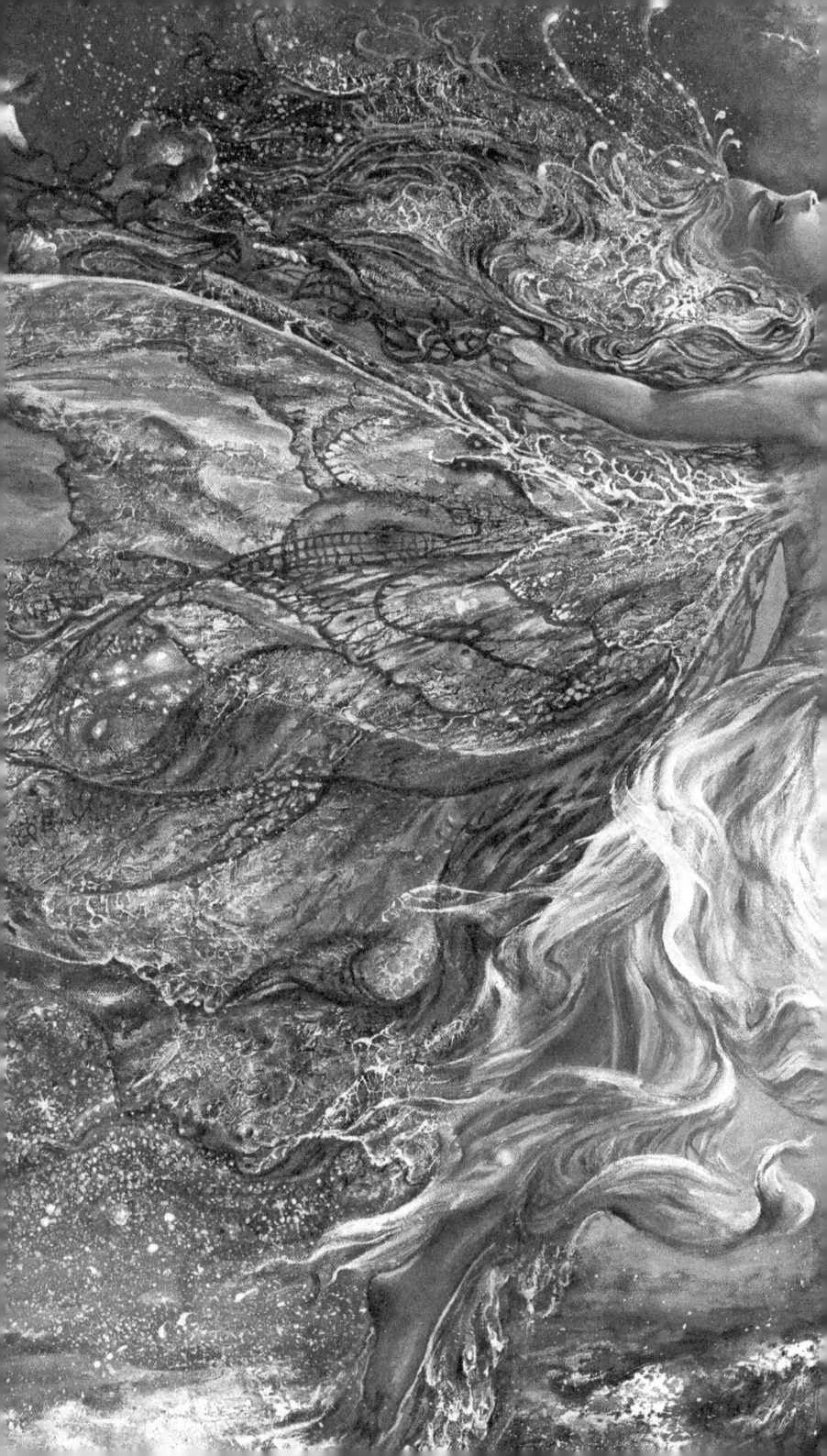

Botschaften der Plejader zur aktuellen Lage

Aufbruch in die positive Zukunft

Erste Botschaft der Plejader zur aktuellen Lage

gechannelt am 19. März 2020

Liebe Lichtbotinnen und liebe Lichtboten!

Wir grüßen euch in dieser Zeit und in diesem Raum und übergeben euch Informationen zu der Situation, die sich aktuell abspielt.

Diese gerade stattfindende Situation ist zuvor geplant worden. Wir möchten bei dieser Informationsübertragung nicht nur von den dunklen Mächten und von den dunklen Elementen sprechen. Wir möchten die gesamte energetische Situation beleuchten, die sich gerade abspielt.

Viele von euch wissen sicher, dass Ende des Jahres 2018 und Anfang des Jahres 2019 die notwendige Anzahl an Menschen mit durchleuchteten Herzen und mit erhöhtem spirituellen Bewusstsein erreicht worden ist.

Viele von euch wissen sicher, dass die Anzahl dieser Menschen ihr Licht vervielfacht, Räume und Zeiten ihrer Existenz durchleuchtet und dadurch auch die Existenz der anderen.

Dieses Licht zieht das Licht weiterer Frequenzen an, die aus dem Kosmos zu euch kommen. Mit jedem Tag erhöhen sich die Frequenz und das Licht, das aus dem Universum zu euch Menschen strömt.

Mit jedem Tag erhöht sich das Bewusstsein der menschlichen Wesen, die für die Entwicklung ihres Bewusstseins bereit sind. Jeden Tag öffnen sich kosmische Tore, die den Planeten Erde mit dem göttlichen Licht und seiner Intelligenz verbinden. Dunkel denkende Wesen verstehen diese Situation, und sie verstehen, dass die momentane kosmische Entwicklung unvermeidlich zu einer Gesamtbefreiung der Menschheit von den dunklen Energiefeldern und von der dunklen Vergangenheit führt. Dunkel denkende Wesen verstehen, dass das göttliche Licht sich unaufhaltsam in den menschlichen Herzen verankert und sich früher oder später über den ganzen Planeten verteilt.

Dunkel denkende Wesen verstehen, dass die Menschheit sich früher oder später aus den Fängen der dunklen Elemente befreien wird und sich an die Frequenz der kosmischen Freiheit anbindet.

Das, was jetzt auf diesem Planeten geschieht, gehört zu einer geplanten Aktion, welche die Menschheit in die Frequenz der Angst, Hoffnungslosigkeit und Sorge in Bezug auf die Zukunft zurückwerfen soll.

Diese weltweite Aktion erschüttert die Psyche der menschlichen Gemeinschaft, aber gleichzeitig weckt sie die Intuition in den menschlichen Herzen und ermöglicht, dass die Menschen Zeit mit sich selbst und Zeit mit ihren Liebsten verbringen können.

Diese Aktion hat aber einen noch viel bedeutenderen Hintergrund, weshalb sie auch geplant worden ist.

Oft haben wir beobachtet, dass die Zeitlinien der menschlichen Gemeinschaft manipuliert worden sind. Eine dieser Zeitlinien geht gerade zu Ende.

Die diesjährige Osterzeit wird für die Menschheit ein riesiger historischer Meilenstein sein, an dem die aktuelle Zeitlinie beginnt, in ihren ursprünglichen Zustand zurückzukehren.

Die diesjährige Osterzeit bringt dem Planeten Erde eine große Menge an kosmischem Licht, das verstärkt das Christuslicht und sein Bewusstsein mit sich bringt.

Die menschlichen Wesen, die sich auf die neuen kosmischen Frequenzen vorbereitet und ihre Herzen geöffnet haben, nehmen diese neuen Informationen auf. Dadurch erfolgt ein großer Quantensprung in die neuen Dimensionen der Menschheit. Dieser Bewusstseinsquantensprung hilft, die negative Zeitlinie, die den ganzheitlichen kosmischen Bewusstseinsprozess der Menschheit verhindern sollte, zu transformieren. Das menschliche Herz ist für diesen Prozess der Schlüssel und der Code.

Die Gesamtsituation der Menschheit beginnt sich stark zu verändern. Es werden gewaltige Prozesse in Gang gesetzt, die beginnen, auf dem Planeten »Ordnung« zu schaffen, und die beginnen, verschiedenste menschliche Bereiche in den ursprünglichen göttlichen Zustand zu bringen. So, wie es war, als die Menschheit auf den Planeten Erde gekommen ist und gemäß den göttlichen Gesetzen der Reinheit lebte.

Dieser Prozess, der im Grunde schon begonnen hat, bringt alles in Ordnung, was bisher nicht in göttlicher Ordnung war.

Viele von euch tragen die göttliche Ordnung bereits in ihrem Herzen, und deshalb werden diese Veränderungen für euch nicht wesentlich oder überraschend sein.

Für viele aber werden diese Situation und ihre Entwicklung neu sein und die Grenzen der menschlichen Erwartungen und des menschlichen Denkens überschreiten.

Wir appellieren an die ganze Menschheit und an alle Menschen guten Willens.

Helft anderen, die sich vor ihrer Zukunft fürchten und nur das Schlimmste erwarten. Helft ihnen und seid ihnen ein Vorbild. Zeigt ihnen eure positive Einstellung. Lasst eure positiven Meinungen und eure Freude über die neue Zukunft nicht von negativ denkenden Personen mit Füßen treten.

Dieser Umbruch wurde schon lange vorausgesehen. Er ist ein Aufbruch in die neue Zukunft. Millionen durchleuchteter menschlicher Seelen dieses Planeten haben auf diese Zeit gewartet. Millionen von menschlichen Seelen sind auf diesem Planeten inkarniert, damit sie gemeinsam den Umbruch für die positive Zukunft unterstützen können.

Und ihr gehört zu ihnen!

Die Vorbereitungen auf diesen Umbruch für die neue positive Zukunft haben Jahrzehnte, Jahrhunderte, Jahrtausende gedauert ... Für viele von euch schien es, als würden sie eine ganze Ewigkeit dauern ...

Die Zeit, die nun anbricht, bringt großartige positive Veränderungen. Nichtsdestotrotz ist es notwendig zu verstehen, dass die neue positive Zukunft erst dann kommen kann, wenn die Strukturen der alten Welt definitiv zusammenbrechen und in Licht transformiert worden sind.

Obwohl die aktuelle Situation bei vielen Panik und Angst mit sich bringt, schafft sie gleichzeitig eine verstärkte Verbindung zwischen den Menschen, die ein reines Herz mit positiven Absichten in sich tragen.

Viele von euch haben schon lange auf die neue positive Zukunft gewartet. Die dunklen Wesen verstehen die Situation und wissen, dass sie mit Panik und Angst die einzigartige kosmische Angelegenheit, die zu den Osterfeiertagen ansteht, verdecken können. Durch diese aktuelle Situation wurden Netze der Angst über die Menschheit ausgebreitet ...

Wir, die plejadischen Wesen, appellieren gemeinsam mit weiteren friedliebenden außerirdischen Wesen, gemeinsam mit den für den Planeten Erde zuständigen Lichtwesen, gemeinsam mit dem Verbund der menschlichen Seelen des menschlichen

Himmels, an alle menschlichen Wesen guten Willens ... guten Willens in den menschlichen Herzen:

Verliert die Hoffnung in die neue Zukunft nicht.

Verbindet euch mit den Frequenzen der Freude, des Friedens und der Hoffnung!

Verbindet euch mit der reinsten göttlichen Essenz der menschlichen Rasse. Die göttliche Intelligenz verbindet euch mit der reinsten Essenz der Seele der Menschheit. Sie verbindet euch mit den reinsten Frequenzen der göttlichen Energie und Intelligenz. Wenn ihr mögt, verwendet für diese Verbindung den **Zahlencode 8787**. Visualisiert ihn oder übertragt ihn auf Wasser, das ihr langsam und schluckweise trinkt.

Dank des Lichts in eurem Herzen und dank eures erhöhten Bewusstseins kann die negative Zeitlinie der Menschheit transformiert werden. Es können auch Räume und Zwischenräume, die nicht mehr in die menschliche Gegenwart und Zukunft gehören, transformiert werden.

Wir appellieren an jeden von euch. Verbindet euch mit euren Lichtbegleitern, verbindet euch mit eurer Familie im menschlichen Himmel. Eure Familie macht sich aus diesen Dimensionen verstärkt bemerkbar. Sie sucht den verstärkten Kontakt zu jedem von euch! Sie möchte euch mit ihrem Licht, ihrer Liebe und Weisheit, die eure Ahnen im gesamten Energiefeld eurer Familienlinie in sich tragen, unterstützen.

Dieser Bewusstseinsaufstieg, der mit jedem Tag voranschreitet, verbindet das Licht der physischen und feinstofflichen Wesen.

Dieser Bewusstseinsaufstieg verbindet die physischen und feinstofflichen Welten, die sich zu einem Ganzen vereinen!

Und eben dieser Prozess bricht gerade an.

In diesen Tagen. Ihr befindet euch gerade in einer der bedeutendsten Zeiten eurer Menschheitsgeschichte.

Die dunklen Elemente versuchen, die Oberhand über das gesamte Geschehen dieser Welt zu gewinnen, **doch der Schwall** *kosmischen Lichts, der aus der göttlichen Quelle kommt, ist unaufhaltsam!*

Euer Planet nimmt dieses kosmische göttliche Licht in seine Portale auf, und die dunklen Elemente werden diesen Planeten verlassen müssen.

Die physischen und feinstofflichen Welten verbinden sich und fließen ineinander …

Eure Natur beginnt sich seit dem vergangenen Jahr 2019 unglaublich zu regenerieren, weil die Ankunft der Urfrequenzen und Urinformationen aus der göttlichen Quelle die Natur in ihren ursprünglichen, natürlichen Zustand zurückführt.

Der Ruhezustand, der durch diese unnatürliche, künstlich hervorgerufene aktuelle Situation in eure Realität getreten ist, hat der Natur ebenfalls zu einer beschleunigten Regeneration verholfen. Die Erdkugel konnte tief einatmen und anfangen, ihre Kräfte zu sammeln.

Wir bitten alle Bewohner dieses Planeten um verstärktes Vertrauen in die positive Zukunft der Menschheit. Ihr alle habt lange auf eine positive Zukunft gewartet, und verstärktes Vertrauen bringt die positive Zukunft rascher zu euch. Deshalb bitten wir euch: Unterstützt durch verstärktes Vertrauen in die positive Zukunft nicht nur euch selbst, sondern auch andere, dank eures positiven Überblicks über diese Situation.

Jeden Montag von 21:00 Uhr bis 21:20 Uhr arbeiten wir verstärkt energetisch mit jedem, der Hilfe benötigt, und mit jedem, der um sein erhöhtes Bewusstsein bittet. Natürlich könnt ihr euch auch zu jeder anderen beliebigen Zeit mit uns verbinden, aber **jeden Montag von 21:00 Uhr bis 21:20 Uhr** meditieren und arbeiten schon jetzt Tausende von Unterstützern der kosmischen Heilfrequenzen gemeinsam mit uns. Wir haben zusammen ein Energiefeld erschaffen, das allen hilft, die Hilfe benötigen. Und jeder von euch – ausnahmslos jeder – hat Zugang zu diesem Feld. Eure Absicht allein reicht aus.

Jeden Montag von 21:00 Uhr bis 21:20 Uhr übertragen wir kosmische Informationen und Frequenzen zu jedem, der sich mit uns verbindet. Eure Absicht allein reicht aus. Die gemeinsame positive Kraft zwischen euch und uns wächst immer weiter.

Und wir unterstützen euch noch auf andere Weise: Solange diese außergewöhnlich komplizierte planetarische Situation anhält, werden wir jeden Abend kosmische Informationen und Energie für euch übertragen. *Wir beginnen schon heute, den 19. März 2020, damit. Wir werden diese Energien bis Ende des Monats April verstärkt übertragen.* ***Jeden Abend von 21:00 Uhr bis 21:20 Uhr.***

Nehmt daran teil. Verbindet euch mit uns. An den Osterfeiertagen werden wir die Energie sowie kosmische Frequenzen und Informationen noch verstärkt übertragen.

An den Osterfeiertagen werden die Menschen, die dafür bereit sind, die lichtvollen Christusstrahlen empfangen, die sich in ihrem Herzen zu einem riesigen Licht verbinden.

Und dieses Licht transformiert negative Zeiten und Räume des betreffenden Menschen.

Das Licht der menschlichen Herzen wird eine Kettenreaktion unter den Menschen auslösen und helfen, die negative Zeitlinie und negative Realität dieser Zeit zu transformieren.

Meditation der Plejader zur Anhebung des spirituellen Bewusstseins

Wir, die plejadischen Wesen und Lichtwesen, möchten dir jetzt noch eine Meditation mitteilen, die du an den Osterfeiertagen durchführen kannst.

Wir, die wir für dich zuständig sind, werden dich bei deinen Bemühungen begleiten …

Setze oder lege dich gemütlich hin und atme tief.

Bereite dich darauf vor, dein spirituelles Bewusstsein anzuheben und das Christuslicht und sein Bewusstsein aufzunehmen, das aus der göttlichen Quelle in dein Herz kommt.

Bitte deine Seele, sich mit der Kraft, Schönheit und Liebe deines Herzens zu verbinden.

Dein Herz und deine Seele sind jetzt ein Ganzes, und deine Seele sitzt in deinem Herzen.

Verbinde dich durch die Kraft und Liebe deines Herzens und deiner Seele mit deiner Familie im menschlichen Himmel.

Bitte nun die weibliche Linie der Vorfahren deiner Ahnen, sich hinter dir auf der linken Seite aufzustellen.

Bitte die männliche Linie der Vorfahren deiner Ahnen, sich hinter dir auf der rechten Seite aufzustellen.

Und nun sprichst du ...

»Ich verbinde mich mit eurer Liebe, positiven Kraft, Weisheit und mit den besten Eigenschaften, die ihr in euch tragt. Ich integriere eure besten Eigenschaften, die mir und weiteren menschlichen Wesen helfen, in mein Herz. Ich danke euch für eure Existenz.«

Atme tief und empfange die Geschenke deiner Vorfahren. Spüre ihre Anwesenheit.

Verbinde dich jetzt kraft deines Herzens mit den Lichtwesen und bitte sie um Unterstützung bei diesem Prozess.

Und nun sprichst du ...

»Mein Herz ist jetzt bereit, das kosmische Christuslicht, das mein Bewusstsein und das gesamte Licht meiner Realität erhöht, zu empfangen, zu integrieren und zu aktivieren.«

Nimm diese Liebe und dieses Licht in dein Herz auf.

Visualisiere vor deinem Herzen und hinter deinem Rücken im Bereich deines Herzens den **Zahlencode 8787**.

Dieser Zahlencode verbindet dich mit der reinsten göttlichen Essenz der Menschheit.

Und nun sprichst du ...

»Mein Herz ist mit der reinsten göttlichen Essenz der Menschheit verbunden. Mein Herz empfängt die kosmische Christusliebe. Die Vorfahren meiner Familie stärken und heilen meine Realität.

Mein Herz breitet sein Licht in alle Zeiten und Räume meiner Realität aus und verbindet sich mit dem Licht weiterer Realitäten liebevoller menschlicher Seelen.

Licht, Liebe, Dankbarkeit und Frieden erfüllen mein Herz.

Mein Herz ist der Schlüssel zur Heilung aller Ebenen meines Seins.

Danke, danke, danke.«

Frieden mit euch, Frieden mit uns.
Eure plejadischen Begleiter

Von Pavlina selbst eingesprochene Audiofassung:
https://youtu.be/A_hVHc8a3BM (vollständiger Text)
https://youtu.be/W2phdO_WR7I (nur die Meditation)

Ihr durchlauft Prozesse, die euch befreien werden

Zweite Botschaft der Plejader zur aktuellen Lage

gechannelt am 25. März 2020

Liebe Lichtbotinnen und liebe Lichtboten!

Wir, die plejadischen Wesen, kommen gerade gemeinsam mit einer riesigen Anzahl weiterer friedliebender außerirdischer Zivilisationen und Lichtwesen zu euch.

Wir unterstützen euch in eurer Zeit und in eurem Raum und übertragen Frequenzen der verstärkten Hoffnung, Kraft und Dankbarkeit in eure Herzen.

Die verstärkte kosmische Frequenz der Hoffnung hilft euch, diese Zeit, die ihr gerade erlebt, zu überstehen.

Hoffnung bringt euch Verbindung zu euren Erwartungen, die ihr in eurem Geist in der Zeit eurer verschiedenen Inkarnationen hier auf der Erde entwickelt habt.

Eure Hoffnung verbindet euch mit weiteren friedliebenden Wesen, die dank ihrer niemals verlorenen Hoffnung in die Gegenwart eingestiegen sind, in der Frieden und göttliche liebevolle Gesetze herrschen.

Eure Hoffnung, die ihr in euch tragt, hat euch niemals verlassen und euch gerade in diese Zeit in dieser Inkarnation auf diesem Planeten inkarnieren lassen.

Eure Hoffnung verbindet euch mit eurer neuen, positiven Zukunft.

Wie lange ihr auf diese Zeit gewartet habt!

Wie lange eure Seele von Angst besetzt war!

Wie lange eure Seele in den Räumen eures Körpers eingezwängt war und ihre wahre Schönheit und Größe nicht zeigen konnte!

Wie lange eure Seele auf diese Zeit gewartet hat!

Eure Hoffnung ist niemals versiegt, und sie hat euch in diese Zeit geführt. In diese Zeit, in der die Brücken einstürzen, die euch mit der dunklen Vergangenheit verbunden haben.

Diese Zeit bringt in naher Zukunft wunderbare Möglichkeiten und gewaltige positive Veränderungen, die sich der menschliche Geist noch gar nicht ausmalen kann.

Mit der Ankunft der freien Energie auf eurem Planeten eröffnen sich unglaubliche Möglichkeiten für eure ganze Gemeinschaft. Dadurch wird die gesamte menschliche Gesellschaft materiell abgesichert sein.

Der Planet Erde durchläuft soeben planetarische Prozesse, die euch freie Energie bringen.

Der Planet Erde nähert sich unaufhaltsam der göttlichen Ordnung, verbindet sich direkt mit der Linie kosmischer Bahnen, die zur göttlichen Ordnung führen. Der Planet Erde durchläuft einen gewaltigen Transformationsprozess.

Anfang des Monats April 2020 beginnt er das kosmische Tor zu durchqueren, das enorme transformatorische Eigenschaften hat.

Der Planet Erde nähert sich diesem Tor unaufhaltsam. Um die Osterfeiertage wird er sich in den Räumen dieses kosmischen Tores befinden, und der Erde und ihrer Bevölkerung wird es gelingen, das zu transformieren, was nicht in die göttliche Ordnung gehört.

Systeme, die künstlich von Wesen für ihren Vorteil und Gewinn erschaffen worden sind, werden fallen. Denn künstlich erschaffene Systeme sind nicht göttlich und liebevoll.

Ihr Menschen, verliert nicht die Hoffnung und freut euch auf eine positive Zukunft, geschaffen in liebevoller göttlicher Ordnung.

In einer Ordnung der bedingungslosen Liebe.

Dieser Prozess bringt zwar große Veränderungen mit sich, aber er bringt euch eine friedliche Zukunft.

Es ist uns eine große Freude, euch mitzuteilen, dass die energetischen Prozesse, die gerade stattfinden, uns zu Tränen der Freude und des Glücks rühren.

Wir wissen natürlich, dass viele menschliche Individuen die momentane Situation nicht verstehen und verzweifelt darüber sind, welche künstlich erzeugten Nachrichten von den derzeitigen öffentlichen Medien gebracht werden.

Wir möchten euch deshalb mit der heutigen Botschaft über die energetischen Prozesse informieren, die gerade hinter den Kulissen stattfinden und die dem Gesamtprozess eures Aufstiegs dienen.

Oft haben wir euch darüber informiert, dass die menschliche Gemeinschaft diesen Aufstieg als Ganzes erleben wird.

Wir haben euch mitgeteilt, dass alle menschlichen Seelen, ob sie sich nun in einem menschlichen Körper, im menschlichen Himmel oder in anderen Räumen und Zeiten befinden, als Ganzes aufsteigen werden.

Dieser gemeinsame Aufstieg ist nur unter der Voraussetzung möglich, dass das kollektive Bewusstsein der Menschen und die energetischen Prozesse der Erde sich auf einer bestimmten Bewusstseinsstufe befinden.

Und diese Stufe wurde erreicht!

Der Planet Erde löst gerade Energien aus seinem Inneren heraus, die nicht zu seiner Natürlichkeit gehören. Er löst sich von Programmen, die künstlich in ihn einkodiert worden sind und zur Manipulation der Menschheit dienten.

Er löst ganze Energiesysteme auf, die er in sich tragen musste und die ihn daran gehindert haben, in die natürliche göttliche Ordnung zu kommen.

In diesen Tagen sind Tausende menschliche Seelen von Kindern und Erwachsenen, die durch die dunklen Wesen gequält worden sind und deshalb ihren physischen Tod im Inneren der Erde fanden, aus dem Inneren der Erde in den menschlichen Himmel aufgestiegen.

Diese Seelen sind befreit worden – und genau in diesen Tagen finden sie ihre Ruhe und ihren Frieden.

Die Lichtwesen helfen ihnen bei diesem Übergang und heilen die Emotionen, die sie durchleben mussten. Schreckliche Erinnerungen, die ihr menschlicher Geist erleben musste, werden in Licht transformiert.

Weitere gefangene menschliche Seelen, die sich Jahrzehnte, Jahrhunderte oder gar Jahrtausende lang in den Zwischenräumen irdischer Dimensionen aufhielten, finden ebenfalls in den nächsten Tagen ihr himmlisches Zuhause.

Auch ihre Emotionen und Erinnerungen werden geheilt. Lasst ihnen euren Segen zukommen, damit ihr Übergang in den menschlichen Himmel harmonisch ablaufen kann.

Durch diesen oben beschriebenen Prozess wird die menschliche Gemeinschaft in der Zeit des Aufstiegs ein Ganzes sein, und es wird ihr erfolgreich gelingen aufzusteigen.

Momentan durchlauft ihr wirklich enorme Prozesse, die euch alle befreien werden!

Lasst euch bitte nicht durch Nachrichten verunsichern, die »von außen« aus den künstlich erschaffenen Systemen zu euch dringen. Sie werden nicht mehr lange gültig sein.

Lasst die Frequenz der Hoffnung, des Friedens und der Freude in eure Herzen fließen.

Segnet eure neue, kommende positive Zukunft.

Wir sind bei euch und begleiten euch.

Frieden mit euch, Frieden mit uns.
Eure plejadischen Begleiter

Von Pavlina selbst eingesprochene Audiofassung:
https://youtu.be/PG09XNOkQhc (vollständiger Text)

Ein neues Matrixsystem galaktischer Ordnung

Dritte Botschaft der Plejader zur aktuellen Lage

gechannelt am 3. April 2020

Liebe Lichtbotinnen und liebe Lichtboten!

Wir grüßen euch und bringen euch Liebe, Unterstützung und Informationen, die euch helfen können, die weiteren Prozesse zu verstehen, welche gerade stattfinden. Momentan laufen unzählige Prozesse ab, physische wie feinstoffliche, und wir möchten euch vor allem solche Informationen überbringen, die nicht nur eurer persönlichen Entwicklung und eurem Überblick dienen können, sondern auch der Entwicklung und dem Überblick der Menschheit.

Die Lichtstrahlen und Lichtinformationen aus dem Kosmos, die in euer Sonnensystem gelangen, erzeugen gerade *ein neues Matrixsystem galaktischer Ordnung.*

Dieses System bildet sich mit Hilfe ursprünglicher göttlicher Abdrücke und resoniert mit kosmischen Tönen, die der gesamten Kommunikation des Menschen und der Lebewesen des Planeten Erde mit der feinstofflichen Welt und ihren feinstofflichen Wesen dienen.

Dieses von der göttlichen Intelligenz durchdachte System ist absolut vollkommen.

Das menschliche Herz, an die Kristallnetze der Galaxis und an die Kristallnetze eures Planeten angebunden, empfängt diese Töne und diese Lichtinformationen.

Eure Chakren empfangen neue lichtvolle Schwingungen und erhöhen dadurch die lichtvolle Schwingung eures Körpers.

Alles beginnt zusammenzupassen und richtig zu funktionieren.

Eure Zeitlinie, die von der göttlichen Ordnung abgewichen ist, beginnt die richtige Richtung einzuschlagen. Der Planet Erde wird sich in den nächsten Tagen an die göttliche Ordnung anbinden.

In unseren Augen ist diese Entwicklung unaufhaltsam.

Diese lang ersehnte Zeit bricht gerade an! Die lichtvolle Revolution bricht gerade jetzt an!

Die Menschheit erwacht aus ihrem Schlaf, der Tausende von Jahren gedauert hat. Tausende von Jahren existierte die Menschheit unter einem Schleier des Vergessens, der Skepsis und der Hoffnungslosigkeit.

Die Menschheit erwacht und empfängt Informationen und die Unterstützung der Lichtwesen, die ihr bei den nächsten Schritten ihrer Bewusstseinsrevolution helfen.

Täglich kommen kosmische Lichter, welche der Menschheit helfen sich an ihre Essenz und an ihre Größe zu erinnern, auf den Planeten Erde. Gleichzeitig helfen diese kosmischen Lichter dabei, sich von allem zu befreien, was nicht zur Freiheit der Menschheit gehört.

Ende März 2020 konnten wir beobachten, wie euer Planet in das wunderschöne, hellblaue Licht von Erzengel Michael eingehüllt war. Mit diesem blauen Licht sind zeitgleich sehr viele Lichtwesen gekommen, die von Erzengel Michael auf euren Planeten entsandt wurden. Sie wirken hier verstärkt auf alle Menschen, damit sie ihre Realität verstehen. Sie helfen jedem Menschen, der bereit dafür ist, sich energetisch von den Erlebnissen der vergangenen Tage und Wochen zu reinigen.

In diesen Tagen ist eure Erde in goldenes, strahlendes Licht eingehüllt. Dieses Licht schützt sie, und aus unserer Sicht sieht es so aus, als wäre sie von wunderschöner, lichtvoller Watte mit wunderbaren, lichtvoll strahlenden Strukturen umgeben.

Seit den letzten Märztagen 2020 kommt es zu einer verstärkten *Umprogrammierung der menschlichen DNA durch die göttliche Intelligenz*. Veraltete Informationen, die nicht zu eurer DNA gehören, verlassen massenhaft euren Planeten und seine Dimensionen. Durch die Lichtwesen sind Zwischendimensionen geschaffen worden, über welche diese unbrauchbaren Informationen gehen können. Hinter den Toren dieser Zwischendimensionen werden die unbrauchbaren Informationen in Licht und freie Energie transformiert.

Die ersten lichtvollen Urinformationen eurer menschlichen DNA kommen schon seit Anfang des Jahres 2019 zu euch. Nun kommen sie aber verstärkt von der göttlichen Quelle, und die göttliche Intelligenz kodiert diese neuen, eure DNA betreffenden Informationen gleichzeitig in das Element Wasser. *Das bedeutet, dass auch durch das Trinken von Wasser Informationen zur Rekonstruktion eurer DNA in euren Körper gelangen! Und nicht nur durch das Trinken, sondern auch beim Baden regeneriert ihr ungemein!*

Die göttliche Intelligenz hilft euch auf unterschiedlichste Art und Weise. Sie hilft euch dank ihrer Energie, ihres Lichts, ihrer Liebe und ihrer Lichtinformationen. Sie sendet eine große Menge an Lichtwesen auf den Planeten Erde, um der menschlichen Gemeinschaft zu helfen.

Alle Voraussetzungen für den Einstieg in die neue Ära der Menschheit wurden euch durch die göttliche Intelligenz zur Verfügung gestellt.

Nun kommt es auf jeden Einzelnen von euch an und darauf, wie viel Energie, Licht, Liebe und lichtvolle Informationen sie oder er ins Herz aufnimmt. Nun kommt es darauf an, welchen Weg eure persönliche Manifestation der Materie und der neuen Realität nimmt.

Jeder von euch ist wichtig und jeder von euch trägt den Schlüssel zur Entstehung der neuen positiven Zukunft in seinem Herzen.

Jeder von euch ist der Schlüssel zur Entstehung einer neuen positiven Zukunft!

Jetzt, genau jetzt, sind euer Handeln und eure Entscheidungen für die positive Zukunft am wichtigsten!

Genau jetzt bildet sich die neue positive Linie für eure Zukunft.

Kodiert kraft eurer Gedanken und kraft eures Herzens nur das Schönste in eure Zukunft! Kraft eurer Gedanken und kraft eures Herzens erschafft ihr die ersten energetischen Abdrücke eurer neuen zukünftigen Zeitlinie der Menschheit!

Werdet euch der Kraft und Wichtigkeit eurer Gedanken, eurer Gefühle und eures Handelns bewusst.

Eure neue Zukunft und eure neuen energetischen Abdrücke erschafft ihr *genau jetzt und in diesem Raum*.

Wendet euch an Erzengel Michael und seine Lichthelfer, damit sie euch helfen, die Erlebnisse der letzten Jahre, der letzten Monate, Wochen und Tage zu reinigen. Bittet sie um Reinigung von der künstlich erzeugten Realität.

Meditiert und arbeitet energetisch gemeinsam mit uns, den plejadischen Wesen, **jeden Abend von 21:00 bis 21:20 Uhr eurer Ortszeit**, wenn ihr wollt. Wir arbeiten mit euch jeden Abend bis zum Ende des Monats April. Und um die Osterfeiertage sogar verstärkt. Dazu haben wir euch in der ersten Botschaft vom 19. März 2020 eine Meditation übermittelt.

Regelmäßige Übertragungen unserer Informationen und von Energie finden immer ***jeden Montag von 21:00 bis 21:20 Uhr*** statt.

Segnet jeden Tag euren Planeten und alle auf ihm lebenden Wesen.

Segnet jeden Tag alle Männer dieses Planeten.

Segnet jeden Tag alle Frauen dieses Planeten.

Segnet jeden Tag alle Kinder dieses Planeten.

Bleibt rein und positiv in eurem Herzen.

Euer reines Herz ist der Schlüssel zu eurer neuen, unsagbar positiven Zukunft.

Ihr seid der Schlüssel …

Frieden mit euch, Frieden mit uns.
Eure plejadischen Begleiter

Von Pavlina selbst eingesprochene Audiofassung:
https://youtu.be/PTHSASXcqls (vollständiger Text)

Der kosmische Schlüssel zur Freiheit

Vierte Botschaft der Plejader zur aktuellen Lage

gechannelt am 10. April 2020

*Liebe Botinnen und Boten
der lichtvollen kosmischen Informationen!*

Wir grüßen euch aus den kosmischen Höhen und aus den kosmischen Dimensionen, Ebenen und Zeiten.

Die künstlich erschaffenen Prozesse, die sich gerade auf dem Planeten Erde abspielen, hinterlassen in den Herzen vieler Menschen störende Spuren.

Nachrichten, von den Medien veröffentlicht, verwirren den Geist und stören das natürliche Handeln und Denken vieler Menschen, die auf ihre persönliche Freiheit warten. *Dabei gelangen die persönliche Freiheit und ihre Frequenzen gerade in jedes Teilchen eurer Existenz. Jetzt. In diesem Augenblick.*

Die Menschheit hat schon lange auf diese Zeit gewartet. Die Menschheit hat schon lange auf die Befreiung aus den Fängen der dunklen Mächte gewartet. Diese Befreiung findet gerade statt und man könnte sagen, dass sie auf allen Ebenen der menschlichen Gemeinschaft abläuft.

Auch wenn sie für viele Menschen noch nicht sichtbar ist: Die Befreiung läuft auf allen Ebenen der Existenz eures Planeten Erde ab, auf wirklich allen Ebenen.

Euer Planet ist auf seiner Oberfläche und in seinem Inneren missbraucht worden und erlitt große Verletzungen, physische wie emotionale. Euer Planet musste die Emotionen menschlicher leidender Wesen ertragen. Er musste die Emotionen von Wesen ertragen, die menschliche Wesen verletzten.

Jetzt bahnt sich die Wahrheit zusammen mit der Freiheit jedes Einzelnen ihren Weg in verschiedenste Teile der Gesamtexistenz der Menschheit hier auf diesem Planeten ... *und das Verborgene gelangt an die Oberfläche.*

Ihr, die ihr bewusst und reinen Herzens seid, versteht unsere Worte sicherlich.

Ihr, die ihr bewusst und reinen Herzens seid – helft dem Planeten Erde und seiner Seele Gaia energetisch. Helft auch der Seele der Menschheit energetisch, die gemeinsam mit euch auf diese Befreiung gewartet hat.

Die Seele der Menschheit hat so lange Zeit auf diese Befreiung gewartet und auf den energetischen Ausstieg aus der gegenwärtigen Realität!

Jetzt erreichen uns die erforderlichen Frequenzen und jeder von euch kann helfen! Jeder von euch kann mit seiner positiven Kraft der Erde uns allen helfen, die an der Befreiung der Erde mitwirken – ganz egal, auf welche Art und Weise sie das gerade tun.

Die heutige Botschaft ist ein Aufruf an euch alle!

Schickt allen Menschen und allen Wesen guten Willens positive Energie und Kraft.

Unterstützt euch dadurch gegenseitig energetisch!

Die diesjährigen Osterfeiertage bringen dem Planeten Erde eine enorme Erhöhung der kosmischen Christusenergie. Die Erhöhung und Manifestation dieser wundervollen Energie verläuft über eure Herzen.

Nicht nur der Planet Erde durchläuft den Prozess des Aufstiegs. Es geht zugleich um eine unzählige Menge anderer Planeten und anderer friedliebender Zivilisationen, die sich auf ihren Aufstieg vorbereiten. Auch deshalb begleitet eine große Anzahl von Lichtwesen alle friedliebenden Zivilisationen, irdische und nicht irdische.

Eure persönliche Beteiligung ist ein großes Plus für die Gesamtsituation. Die Lichtwesen begleiten euch und helfen euch, aber eure eigene Hilfe ist unverzichtbar.

Eure Hilfe ist ein Teil eurer höheren Aufgabe, die ihr euch auf diesen Planeten und für diese Zeit mitgebracht habt – die ihr euch vorgenommen habt.

Jeder von euch ist unverzichtbar und jeder einzelne positive Gedanke von euch, jede positive Emotion und jede positive Tat tragen zur Gesamtbefreiung der Menschheit bei!

Als Kettenreaktion betrachtet hilft eure Befreiung auch der Befreiung weiterer friedliebender außerirdischer Zivilisationen, die wiederum zur Anhebung des Bewusstseins und zur Entwicklung eurer Galaxis beiträgt!

Es ist notwendig, die ganze Situation komplex zu sehen und zu verstehen. Ihr befindet euch NICHT NUR in einem Befreiungsprozess der Menschen, sondern auch in einem Befreiungsprozess eurer benachbarten besiedelten Planeten, mit denen ihr frequenzmäßig verbunden seid. Ihr seid frequenzmäßig mit ihnen verbunden. Eure Galaxis ist eure gemeinsame Heimat und ihr alle beeinflusst euch gegenseitig.

In diesen Osterfeiertagen laufen großartige Transformationsprozesse ab, die wir in den vorausgegangenen Botschaften schon beschrieben haben. Der Planet Erde durchläuft ein kosmisches

Portal, das alles Negative und künstlich Erzeugte in Licht oder eine andere Energieform transformiert.

Zu euren Herzen strömt in jeder Sekunde eurer gegenwärtigen Existenz eine riesige Menge kosmischen Christuslichts, das sich dank eures Herzens hier auf der Erde manifestiert. Euer Herz trägt dieses Licht in sich und verbreitet es in alle Räume und Zeiten eurer Existenz. Dieses Licht verbindet sich mit weiteren Herzen und weiteren Lichtern menschlicher Wesen. Ihr erschafft somit eine lichtvolle Schicht und eine lichtvolle Kettenreaktion rund um euren ganzen Planeten.

Diesen Prozess könnt ihr mit einer verstärkten Anbindung an die Frequenz der kosmischen Freiheit unterstützen. **Die Zahl 21 ist der kosmische Schlüssel zur Freiheit!** *Die kosmische Freiheit ist das höchste Ziel eurer Bewusstseinsevolution!*

Verbindet euch mit der Frequenz der kosmischen Freiheit und aller ihrer Elemente und Eigenschaften! Integriert die Frequenz der Freiheit in eure Seele und in euren Geist!

Schickt die Frequenz der kosmischen Freiheit allen Menschen und allen Wesen, die Befreiung benötigen.

Schickt die Frequenz der kosmischen Freiheit zum Planeten Erde und zu seiner Seele Gaia, damit sie Kraft für die Zeit der nächsten Tage und Wochen ihrer Bewusstseinsevolution erhalten. Damit sie die Kraft haben, sich von Elementen, die ihnen schaden, zu befreien.

Affirmation
zur Erlangung der kosmischen Freiheit

Bei der Arbeit mit der Frequenz der kosmischen Christusenergie und der kosmischen Freiheit kannst du folgende Affirmation verwenden:

»Ich öffne mein Herz und empfange Licht, Liebe und Informationen der kosmischen Christusenergie.

Die kosmische Christusenergie verankert sich in meinem Herzen und verbreitet sich in alle Räume und Zeiten meiner Existenz.

Die kosmische Christusenergie verbindet sich mit weiteren reinen menschlichen Herzen.

Jetzt und in diesem Raum.

Meine Seele verbindet sich nun mit der Frequenz der kosmischen Freiheit und nimmt sie in ihre Matrix auf.

Ich verbinde mich kraft meines Geistes mit der Intelligenz der kosmischen Freiheit und bitte sie, allen Wesen zu helfen, die die Frequenz der kosmischen Freiheit benötigen und die die Frequenz der kosmischen Freiheit empfangen wollen.

Ich bitte die Intelligenz der kosmischen Freiheit um Hilfe für den Planeten Erde und seine Seele Gaia.

Ich bitte die Intelligenz der kosmischen Freiheit um Hilfe für die Seele der Menschheit.

Jetzt und in diesem Raum.

Meine Absicht ist rein und klar.

Liebe, Licht und Freiheit verbreiten sich über den ganzen Planeten und helfen allen Wesen, die meine Hilfe annehmen.

Jetzt und in diesem Raum.

Danke, danke, danke.«

Und wir, die plejadischen Wesen, danken dir für die Manifestation der kosmischen Informationen auf diesem Planeten.

Wir danken dir und wir danken allen Wesen, die sich entschieden haben, dem Planeten Erde und der Menschheit bei diesem Bewusstseinsaufstieg und bei der Befreiung von niedrigen Schwingungen und Elementen zu helfen.

Danke für deine Existenz! Danke für deine Existenz auf diesem Planeten Erde.

Frieden mit euch, Frieden mit uns.
Eure plejadischen Begleiter

Von Pavlina selbst eingesprochene Audiofassung:
https://youtu.be/A5FF_78kUL4 (vollständiger Text)
https://youtu.be/6PDX2zAZEB0 (nur die Meditation)

Der Planet Erde reinigt sich

Fünfte Botschaft der Plejader zur aktuellen Lage

gechannelt am 26. April 2020

*Liebe Botinnen und Boten
der liebevollen Frequenzen!*

Die Situation, die sich gerade auf dem Planeten Erde abspielt, ist ein Teil des gesamten Reinigungsprozesses.

Dass sich eure Gesellschaft in Bezug auf die kosmischen Gesetze gerade in gläubige und nicht gläubige Menschen aufteilt, musste so kommen.

Nicht alle Menschen sind Gäste auf dem Planeten Erde von uralten Vorzeiten oder von Zeiten des Herabkommens der menschlichen Zivilisation auf diesen Planeten.

Nicht alle Menschen verstehen und begreifen diese Situation.

Menschen mit unguten oder unreinen Absichten werden früher oder später nicht mehr zu den neuen, erhöhten kosmischen Frequenzen des Planeten Erde passen. Nur wenige von ihnen werden sich anpassen können. Nur wenige von ihnen werden sich in der vergleichsweise kurzen Zeit, die ihnen für die Transformation durch die neuen Energien bleibt, auf das Positive umprogrammieren können. Mit dieser vergleichsweise kurzen Zeit meinen wir maximal zehn eurer menschlichen Jahre.

Denn: *Die lichtvolle Frequenz eures Planeten wird sich immer weiter erhöhen. Wer von ihnen sein Bewusstsein nicht anpasst, wird mit großer Wahrscheinlichkeit diesen Planeten verlassen.*

Der Planet Erde erhöht praktisch jeden Tag seine Frequenz. Er erbringt dadurch sehr große Leistungen. Und vielleicht habt ihr beobachtet, dass auch eure Körper große Leistungen vollbringen und sich an die Schwingungen der Erde anpassen.

Falls ihr Müdigkeit fühlt, lasst euren Körper ausruhen.

Falls ihr Trauer oder eine andere Emotion fühlt, lasst sie einfach gehen.

Falls ihr fühlt, dass euch nach Weinen zumute ist, lasst die Tränen kommen und weint alles aus eurer Seele hinaus, was sie an ihrer Reinheit hindert. Das menschliche Weinen ist die reinste und natürlichste Art der Seelenreinigung, die euch die göttliche Intelligenz gegeben hat.

Macht euch frei von allen Emotionen und Gedankenmustern, die euch gerade in dieser mehr als transparenten Zeit gezeigt werden.

Eure Erde ist mit euch durch viele Epochen und durch viele Bewusstseinsebenen gegangen. Ihre kosmische Gesamtentwicklung bringt sie nach und nach in eine Bewusstseinsstufe, in der sie sich zu Zeiten von Lemurien befand! In einer Zeit der Reinheit der Naturreiche und der Reinheit der menschlichen Gemeinschaft.

Der Planet Erde reinigt sich, damit er gänzlich in seine Reinheit zurückkehren kann. Er reinigt seine Oberfläche, er reinigt sein Inneres. Er reinigt die menschliche Gemeinschaft.

Die dunklen Wesen und dunklen Mächte versuchen, ihre Netze auszubreiten, und sie möchten die menschliche Gemeinschaft in Systeme zurückreißen, die sie hier über Jahrtausende hinweg erschaffen haben. Die dunklen Wesen und dunklen

Mächte senden mit Hilfe der Medien Unmengen holografischer Projektionen an die menschliche Gemeinschaft aus, welche die menschlichen Wesen in dem Glauben lassen, dass die Befreiung der Menschheit und die Befreiung der Seele der Menschheit unerreichbar ist.

Lasst euch bitte nicht verunsichern und vertraut auf eure Intuition. Hinter den Kulissen laufen unzählige Prozesse ab, welche die menschliche Gemeinschaft befreien.

Verliert euren Glauben nicht. Mit eurem positiven Überblick erhöht ihr nicht nur eure Energie, sondern auch die Energie der Erde. Hinter dem Vorhang laufen so viele Geschehnisse ab, die dabei helfen, das Mosaik des gesamten weltweiten Prozesses zu einem Ganzen zusammenzufügen!

Die menschliche Gemeinschaft teilt sich nun, aber so musste es kommen. Glaubt daran, dass auch die Menschen, welche die Situation momentan nicht verstehen, zum göttlichen Plan gehören und ihr Aufenthalt hier auf der Erde einen Sinn ergibt. Diese Menschen öffnen den bewussten Menschen noch mehr die Augen. Die bewussten Menschen erhalten durch die Existenz der unbewussten Menschen noch mehr Kraft und noch mehr Entschlossenheit, etwas zu verändern, und übernehmen dadurch die Verantwortung für **die ganze** Menschheit.

Die Situation, die jetzt gekommen ist, nimmt schon sehr bald eine schnelle Wendung. Die Prozesse im Hintergrund, energetische wie physische, sind am Laufen. Die Ergebnisse lassen nicht lange auf sich warten.

Diese Wendung bringt für viele menschliche Wesen eine unzählige Menge an Veränderungen.

Sie bringt dem menschlichen Geist ein tiefes Verständnis von jeglicher Existenz. Diese Wendung bringt ein Verständnis von der eigenen, persönlichen Existenz und sie bringt ein Verständnis vom Sinn der eigenen, persönlichen Existenz. Sie bringt eine tiefe Umprogrammierung von Programmen, die nicht im Ein-

klang mit der göttlichen Gerechtigkeit und mit der göttlichen Harmonie sind.

Diese Wendung greift tief in die Seele von Wesen ein, die nicht in Einklang mit der göttlichen Gerechtigkeit gehandelt haben. Die göttliche Gerechtigkeit ist ein Synonym für alles, was rein, liebevoll und friedliebend ist.

Man könnte sagen, dass die riesige, feinstoffliche Wendung an Ostern diesen Jahres begonnen hat.

Die physische, sichtbare Wende bricht schon bald an.

Jetzt wird hinter den Kulissen des Gesamtgeschehens Schritt für Schritt vorgegangen, damit die künstlich erzeugten Systeme eine neue, positive Form annehmen können. Manche von diesen Systemen verlieren ihre Form komplett.

Wir wissen, dass die momentane Situation der künstlich geschaffenen Unfreiheit für viele von euch sehr schwierig ist.

Glaubt daran, dass diese Unfreiheit zu den göttlich lichtvollen Gesetzen *nicht* dazugehört und *nicht* lange andauern wird.

Verliert euren Glauben nicht und bleibt bitte positiv. Alles künstlich Erzeugte und der göttlichen Gerechtigkeit nicht Dienliche wird wirklich schon sehr bald euren Planeten und eure Realität verlassen!

Ihr seid in diesem Prozess nicht allein. Es begleiten euch lichtvolle und friedliebende außerirdische Zivilisationen. Sie begleiten euch in lichtvoller wie auch physischer Form.

Wunderschönes kosmisches Christuslicht strömt auf euren Planeten, das den Planeten stabilisiert und dem menschlichen Herzen Trost in dieser komplizierten Zeit spendet.

Öffnet eure Herzen und lasst dieses Licht in eure Herzen fließen. Dieses Licht bringt der menschlichen Gemeinschaft Heilung, Liebe und göttliche Gerechtigkeit.

Euer Herz ist der Schlüssel zur Heilung eines jeden von euch. Euer Herz ist der Schlüssel zur Heilung der gesamten menschlichen Gemeinschaft.

*Wir, die plejadischen Wesen, begleiten und unterstützen euch mittels der täglichen, abendlichen **Übertragungen von Heilenergie von 21:00 bis 21:20 Uhr**.*

In unseren ersten Botschaften vom März haben wir euch mitgeteilt, dass wir jeden Abend bis zum Ende des Monats April Heilenergie übertragen werden. Zu eurer Unterstützung bei eurer menschlichen Gesamtentwicklung und zur Unterstützung eines jeden von euch, der sich für die von uns angebotene Hilfe entscheidet, werden wir die Heilenergie auch darüber hinaus übertragen.

Unsere plejadische Gemeinschaft hat sich für die Übertragung der Heilenergie jeden Abend von 21:00 bis 21:20 Uhr entschieden, bis zu unserer Abberufung.

Bis zu der Zeit, in der wir das Gefühl haben, dass ihr unsere Hilfe nicht mehr benötigen werdet.

Wir sind bei euch und begleiten euch. Wir tragen euch in unserem Herzen. Unsere gemeinsame Realität und gemeinsame Existenz mit euch ist wunderschön und ähnelt den leuchtenden Strahlen einer klaren Sonne.

Die Reinheit der Herzen verbindet uns mit euch und gibt uns gemeinsame Kraft. Unsere Hilfe für euch macht uns unglaublich glücklich und erfüllt uns mit Freude.

Ihr Menschen gehört zu unserer großen Familie. Unsere Realitäten nähern sich immer mehr an, und irgendwann kommt der Tag, an dem wir einander nicht nur auf der bewusstseinsmäßigen, sondern auch auf der physischen Ebene begegnen. Auf diesen Tag und auf diese Begegnung freuen wir uns unablässig. Und genau dieses Gefühl der unablässigen Freude gibt uns fortwährend die Motivation und die Kraft, euch weiterhin zu begleiten.

Wir lieben euch. Liebe ist das Größte und Schönste, was wir alle uns wünschen können. Und unser größter Wunsch ist es, euch Menschen wieder glücklich und mit der Liebe der göttlichen Quelle verbunden zu sehen.

Das ist unser größter Wunsch und unser stärkster Motor für unser Handeln und unsere Hilfe für die menschliche Zivilisation. In jedem von euch sehen wir nur das Reinste, nur die reinste Essenz. Und genau diese Essenz verbindet uns. Die reine Essenz und das reine Herz.

Wir sind mit euch …

Frieden mit euch, Frieden mit uns.
Eure plejadischen Begleiter

Von Pavlina selbst eingesprochene Audiofassung:
https://youtu.be/RXxtUGwUvhU (vollständiger Text)

Die Wiedergutmachung hat bereits begonnen

Sechste Botschaft der Plejader zur aktuellen Lage

gechannelt am 10. Juni 2020

Ihr lieben Menschen!

Bitte macht euch keine Sorgen über die Zukunft! Wir wissen sehr wohl, welche Gefühle sich in eurer menschlichen Seele momentan abspielen. Wir spüren, dass viele von euch sich Sorgen machen, wie die nächsten Tage, Wochen und Monate wohl sein werden.

Die Lage auf der Erde verändert sich praktisch von einem Tag auf den anderen. Es geschehen Dinge, die ihr euch nicht einmal in euren kühnsten Träumen hättet vorstellen können.

Dinge, die diesen Zeitabschnitt, diesen Raum und diese Zeit für immer verändern.

Dinge, die so kommen mussten und müssen, damit das ganze Mosaik von Zeit und Raum der menschlichen Realität auch weiterhin ineinander passt.

Dinge, die jede menschliche Seele vor ihrer Inkarnation auf den Planeten Erde geplant hat und von denen sie wusste, wie sie sich abspielen würden.

Ja, jede menschliche Seele hat den Verlauf der jetzigen Inkarnation geplant. Genau wie du, die oder der du gerade diese Zeilen liest. Jede Seele. Jede.

Manche Seelen haben sich für eine positive Rolle entschieden.
Manche Seelen haben sich für eine negative Rolle entschieden.
Manche Seelen haben sich für eine passive Rolle entschieden.

Aber alle menschlichen Seelen haben vor ihrer Inkarnation gewusst, dass der Abstieg auf die Erde zu einem riesigen Plan und zu einem darauffolgenden kolossalen Aufstieg gehört.

Jede menschliche Seele hat vor ihrem Abstieg auf die Erde gewusst, was ihre Aufgabe sein würde.

Jede menschliche Seele hat bis ins Detail gewusst, wie ihre Rolle ablaufen würde.

Auch wenn der Übergang ins Goldene Zeitalter unaufhaltsam ist, erlebt die menschliche Gemeinschaft gerade Zeiten, die sie in ihrer Vergangenheit bisher nicht erlebt hat. Umso schwieriger ist es für jeden menschlichen Geist, sich in dieser Zeit zurecht zu finden.

Wir können von unserem Blickwinkel aus mit Sicherheit sagen, dass das Gute siegt! Die menschliche Zeitlinie steuert in eine positive Richtung. In eine sehr positive Richtung.

Für uns ist es einfach, sich in Räumen und Zeiten zu bewegen, und deshalb können wir von unserem Standpunkt aus die Zukunft der Menschheit betrachten.

Um die Osterfeiertage diesen Jahres herum hat die Zeitlinie der menschlichen Zukunft die richtige Richtung eingeschlagen. Das bedeutet aber eine Reinigung und Wiedergutmachung verschiedenster Systeme der menschlichen Gemeinschaft. Und es betrifft Systeme, die schon Hunderte oder sogar Tausende von Jahren auf dem Planeten existierten.

Diese können nicht innerhalb weniger Wochen oder Monate gereinigt und berichtigt werden.

Doch die Reinigung hat bereits begonnen, *die Wiedergutmachung hat bereits begonnen* – und obwohl diese Zeit sehr turbulent ist, wird das Gute siegen!

Es ist egal, in welcher Position ihr euch gerade befindet.
Es ist egal, in welcher Situation ihr euch gerade befindet.
Erinnert euch stets daran – das Gute siegt.

Die Besetzung und der Missbrauch des menschlichen Geistes, der menschlichen Seele und des menschlichen Körpers werden schon bald der Vergangenheit angehören.

Durch eure Anwesenheit schreibt ihr gerade Geschichte. Ihr schreibt eine neue Geschichte der Menschheit und **realisiert die neue Zukunft der Menschheit!**

Ihr befindet euch in einer der bedeutendsten Zeiten der menschlichen Zivilisation hier auf der Erde!

Die außerirdischen negativen Zivilisationen verlassen die Tiefen des Planeten Erde, und sein Inneres klärt sich. Die erhöhten Frequenzen der Erde bieten diesen Wesen keine guten Lebensbedingungen mehr. Ein Aufstieg dieser außerirdischen Wesen an die Oberfläche der Erde, um auf diesem Planeten zu leben, ist für sie nicht möglich. Ihre Systeme sind dafür nicht ausgelegt, nicht für diese Art der Atmung und nicht für diese Aufnahme von Sauerstoff.

Eine Rückkehr zu ihren Heimatplaneten und Heimatgalaxien oder eine notwendige Umprogrammierung ihres Denkens und ihrer Gedanken auf das Positive durch die göttliche Intelligenz werden unabdingbar sein.

Das Herz des Planeten Erde wird sich in den kommenden Monaten mit dem Licht der Zentralsonne verbinden, und das verletzte Innere der Erde wird schon bald durch das göttliche Licht geheilt sein. Die Seele Gaia kommt in Kürze wieder in ihre volle Kraft.

Sobald das Innere der Erde durch das göttliche Licht geheilt und geklärt ist, kommen verstärkt die Energie und das Licht der Erde an die Oberfläche des Planeten.

Das wird eine weitere Welle der verstärkten Reinigung und Berichtigung der Systeme dieses Planeten zur Folge haben!

Sicher spürt ihr, dass sich die Energie und das Licht der Erde in letzter Zeit stark erhöht haben. Sicher spürt ihr Veränderungen in eurem Geist, eurer Seele und eurem Körper.

Sobald sich das Herz der Erde in den kommenden Monaten mit der göttlichen Zentralsonne verbindet, werdet ihr die Energie und das Licht der Erde noch stärker fühlen! Alles Belastende, was nicht zu euch gehört, wird euch noch mehr gezeigt werden, und ihr werdet die Möglichkeit haben, alle Belastungen und Themen noch besser zu verstehen – und sie zu verlassen.

Und die negativen, künstlich erzeugten Systeme der menschlichen Gesellschaft werden noch mehr und intensiver durch das göttliche Licht gereinigt.

Die Wahrheit bahnt sich unaufhaltsam ihren Weg an die Oberfläche! Menschliche Seelen, die sich für eine negative Rolle in dieser Inkarnation entschieden haben, erleben schwere Zeiten. Denn auch die negativsten menschlichen Wesen wissen, dass ihr Geist hier auf der Erde zwar diese Rolle spielt, ihre Seele sich aber früher oder später für ihr helles Wesen und für göttliche Gerechtigkeit entscheidet.

Auch die negativsten Wesen sind an die Gesetze des Lichts und der Liebe gebunden.

Auch die negativsten Wesen spüren in der Tiefe ihre Seele und wissen, dass sie sich nach dem Verlassen ihres Körpers im menschlichen himmlischen Raum vor sich selbst für ihre Taten verantworten müssen.

Wir können euch schon jetzt verraten, dass viele dieser negativen Wesen sich während ihres Aufenthalts in den himmlischen Räumen für eine *Wiedergutmachung ihres Verhaltens* entscheiden werden und sich dann freiwillig für die Hilfe der menschlichen Gemeinschaft einsetzen, auf die unterschiedlichste Art und Weise.

Ihre Seele sehnt sich nämlich in ihrem Innersten nach Liebe und Licht.

Vergesst bitte nicht, dass viele menschliche Wesen durch dunkle Wesen und Mächte manipuliert und missbraucht worden sind. Zwar haben sie der Manipulation und dem Missbrauch selbst zugestimmt, aber in zukünftigen Zeiten wird es auf diesem Planeten keinen Raum für Manipulation und Missbrauch mehr geben.

Das Gute und die Wahrheit werden siegen. Die momentane Aufgabe eines jeden Menschen ist es, nicht aufzuhören zu vertrauen, auch wenn Sorgen und Angst verschiedenste Realitäten des menschlichen Lebens durchziehen.

Habt immer im Hinterkopf: Das Gute und die Wahrheit siegen!

Auch wir haben eine ähnliche Zeit durchlebt. Wir haben immer wieder unser Licht und unsere Liebe im Herzen untereinander verbunden, um die dunklen Elemente auf unserem Planeten zu neutralisieren. Wir haben riesige energetische Felder des Lichts und der Liebe erschaffen. Und dieses Energiefeld hat uns geholfen, aus unserer damaligen, schweren Situation auszusteigen.

Dehnt das Licht eures Herzens aus. Euer Herz verbindet sich mit weiteren reinen menschlichen Wesen. Eure Herzenslichter werden sich untereinander finden. Auf die Entfernung kommt es nicht an.

Licht und Liebe verbinden sich und erschaffen ein Feld göttlichen Lichts und göttlicher Liebe auf diesem Planeten.

Eines Tages werdet ihr aufwachen und feststellen, dass die Lügen, die immer eine dunkle Energie beinhalten, sich im Licht eurer reinen Herzen aufgelöst haben. Auch Lügen und ihre dunklen Worte sind Energie. Dunkle Energie.

Aber stärker als alles Dunkle und Negative ist die Kraft des Lichts und der Liebe eurer Herzen.

Alle dunklen und negativen Energien werden neutralisiert durch die Kraft des Lichts und der Liebe eurer Herzen. Und das dürft ihr niemals vergessen.

Das Gute und die Wahrheit siegen.

Frieden mit euch, Frieden mit uns.

Eure plejadischen Begleiter

Von Pavlina selbst eingesprochene Audiofassung:
https://youtu.be/zkuYYUuUEL4 (vollständiger Text)

Die Lichtrevolution

Siebte Botschaft der Plejader zur aktuellen Lage

gechannelt am 29. Juli 2020

Ihr geliebten Menschen!

Die Lichtrevolution, die dieses Jahr begonnen hat, ist ein großer Schritt zur Anhebung des Bewusstseins der gesamten Menschheit. Sie ist Teil einer Kettenreaktion, die innerhalb aller bewohnten Planeten dieser Galaxis abläuft.

Jeder Mensch, der das Licht in seinem Herzen erweckt, steuert einen Lichtstrahl bei, der den Gesamtaufstieg Tausender weiterer bewohnter Planeten unterstützt. Die humanoiden Bewohner dieser anderen einzelnen Planeten durchlaufen ebenfalls eine bewusstseinsmäßige Lichtrevolution.

Ganz genau, insgesamt steigen viele Tausende von Planeten von ihren niedrigeren Schwingungen auf und passen sich an das kosmische Geschehen an.

Der wichtigste Schritt, den jeder humanoide Bewohner dieser Galaxis tun kann, ist, seine Realität und die gesamte Realität dieses komplexen Geschehens zu verstehen.

Die evolutionäre Bewusstseinsentwicklung eines jeden einzelnen Menschen und jedes Planeten erzeugt ein Lichtfeld in Form einer Spirale. Jeder Planet dieser Galaxis durchläuft zwar eine individuelle Entwicklung, aber die Entwicklung aller Planeten zusammen strebt die Formation einer riesigen dimensionalen Spirale des galaktischen Bewusstseins an.

Das Bewusstsein eurer Galaxis, das unterschiedlichste Räume und Zeiten für die Entwicklung jedes einzelnen Planeten bietet, ist voll angebunden an das Bewusstsein der göttlichen Intelligenz. Das Wissen und die Informationen, die aus der göttlichen Quelle zu euch kommen, durchdringen verschiedenste Bewusstseinsportale, welche eure Galaxis entwickelt hat.

Eurer menschlichen Gemeinschaft zu helfen liegt uns sehr am Herzen, und die göttlichen Intelligenzen und kosmischen Räte, die für die einzelnen bewohnten Planeten zuständig sind, haben die Erlaubnis bekommen zu helfen. Jede Zivilisation, die Hilfe benötigt, erhält im Hintergrund physische und energetische Unterstützung von verschiedensten außerirdischen, friedliebenden Zivilisationen, damit die evolutionäre lichtvolle Entwicklungsspirale keine Risse und Verletzungen erleidet.

Der Planet Erde ist nicht der einzige Planet, der von dunklen Mächten und dunklen Wesen besetzt ist.

Der Planet Erde ist nicht der einzige Planet, der gerade seine Kraft findet und sich an die kosmische Frequenz der Freiheit anbindet.

Der Planet Erde ist nicht der einzige Planet, auf dem gerade kolossale Prozesse zur Gesamtbefreiung aller künstlich erzeugten Systeme und zur Befreiung der Bevölkerung ablaufen!

Die Lichtrevolution, die gerade stattfindet und die natürlicherweise kommen musste, ist eine bedeutende Evolutionszeit der Menschheit.

Die Menschheit erwacht aus einem sehr langen Schlaf. Sie erwacht und beginnt sich an die Zeit zu erinnern, die sie durchlebte, bevor sie künstlich in einen Schlaf versetzt wurde. In einen Schlaf, der alle Sinne abdämpfte, die den Menschen mit seiner göttlichen Essenz verbinden.

Der Schlaf, der Tausende von Jahren dauerte, nähert sich jetzt dem Ende. An seinem Ende wartet ein Erwachen, das den Menschen sich an seine Essenz erinnern lässt. An seine Energie, an seine Schwingung, an sein Licht, an sein Wissen.

Eure Ahnen, die vor Urzeiten auf diesen Planeten kamen, erinnern euch an eure Verbindung mit eurer ursprünglichen reinsten göttlichen Essenz. Eure persönliche Ahnenlinie trägt die Informationen und die Verbindung mit der göttlichen Essenz in sich. Sie trägt Weisheit und Erfahrungen aus ihren Inkarnationen hier auf der Erde in sich.

Eure Ahnen, die sich mehr denn je zu Wort melden, sind einer der Schlüssel, der euch bei eurem Bewusstseinsaufstieg die Türen öffnet. Eure Ahnen, die ersten Bewohner dieses wunderschönen Planeten, tragen den *Schlüssel zu eurer Erinnerung* in sich.

Die Anbindung an eure Ahnen lässt euer Herz erstrahlen, das fähig sein wird, Informationen der göttlichen Intelligenz für eure Entwicklung zu empfangen.

Alle eure Vorfahren sind durch wunderschöne, riesige Bewusstseinsfelder der Menschheit verbunden. Sie haben gleichzeitig eine Verbindung zur Seele der Menschheit. Zu ihrer Liebe, ihrem Licht und zu ihrem reinsten Bewusstsein.

Und genau diese Verbindung eurer Ahnen mit dem Bewusstseinsfeld der Menschheit kann die Erinnerung bringen, auf die viele Menschen so sehr warten.

Es fehlt nur noch ein kleiner Teil der Bevölkerung, der sich erinnern muss, damit die Lichtspirale der Bewusstseinsentwicklung an Größe zunehmen kann und der göttliche Plan der Befreiung, der gerade abläuft, sich verwirklicht.

Nur ein kleiner Teil der Bevölkerung fehlt noch, bis die Lichtrevolution vollkommen wahr werden kann. Und wir sind überzeugt davon, dass im Laufe der nächsten Monate die erforderliche Anzahl erreicht sein wird, so dass die benötigten Informationen und der Grad von Bewusstheit sich durch die morphogenetischen Felder auf die anderen Bewohner des Planeten übertragen können und es danach zu positiven Veränderungen kommt, die bereits sehnlichst erwartet werden.

Die nächsten Monate bringen weitere gewaltige kosmische Prozesse mit sich. Aber der Planet Erde ist in der Lage, sich mehr und mehr an die kosmischen Lichtfrequenzen und ihre Informationen anzubinden. An Lichtinformationen, die lichtvolle Impulse für die Bewusstseinsentwicklung der menschlichen Herzen und des menschlichen Bewusstseins bringen.

Die irdischen Portale, von denen sich praktisch täglich neue öffnen, nehmen eine enorme Menge an Licht ins Innere der Erde auf. Das Innere der Erde durchleuchtet sich, und so durchleuchtet sich auch die dunkle, unglückliche Vergangenheit der Erde. Alle dunklen Elemente im Inneren der Erde werden gerade im göttlichen Licht neutralisiert.

Weitere großartige Prozesse, die auf die Menschheit warten, sind Lichtstrahlen, die verstärkt auf den Planeten Erde kommen. Diese Lichtstrahlen werden in Form einer riesigen Lichtspirale eintreffen, die den Planeten global reinigt!

Diese Lichtspirale beginnt den Planeten ab Ende Oktober 2020 zu reinigen. Bislang verlief die Anbindung und Reinigung der Erdkugel lokal. Dank der Spiralform dieses Lichtstrahls wird es eine globale energetische Reinigung und Korrektur von allem geben, was nicht in die göttliche Ordnung der Liebe passt.

Dieser majestätische spiralförmige Strahl, der die Erdkugel reinigen und gleichzeitig nähren wird, bringt gewaltige Prozesse, was die Bewusstseinsentwicklung betrifft. Er bringt Veränderungen, die der Menschheit beim Findungsprozess der verlorenen Freiheit helfen.

Diese Veränderungen bringen große natürliche Transformationsprozesse mit sich, die in der Bevölkerung anfangs Bedenken oder Gefühle der Unsicherheit oder Angst vor der Zukunft hervorrufen können. Die dunklen Mächte hier auf der Erde werden diesem ankommenden majestätischen Licht aller Voraussicht nach die Stirn bieten und mit letzten Kräften um ihre Position kämpfen.

Wir möchten euch allen durch diese Informationen erneut Worte des Trostes und des Verständnisses bringen. Wir möchten, dass ihr auf diese Veränderungen vorbereitet seid und wisst, dass die positive Entwicklung und positive Zukunft der Menschheit durch die göttliche Intelligenz bereits programmiert sind.

Natürlich sind in dieser Zeit und während der nächsten Monate Kraft und Vertrauen in den göttlichen Plan notwendig. In den göttlichen Plan, der Liebe und Freiheit zu jedem einzelnen Bewohner dieses Planeten bringt, der dafür bereit ist.

In dieser Zeit ist es mehr denn je notwendig, in seiner Mitte zu bleiben, auf seine eigene Intuition zu vertrauen und sich mit seinen Lichtbegleitern und mit seinen Vorfahren zu verbinden, die sich im menschlichen Himmel befinden.

Es ist notwendig, mehr denn je, seinem eigenen Plan zu vertrauen, den jeder von euch für diese Zeit auf den Planeten mitgebracht hat.

Jeder von euch hat sich für diese Inkarnation entschieden und jeder von euch war mit diesem kolossalen Plan der Befreiung der Menschheit einverstanden.

Es ist uns sehr wichtig, euch mitzuteilen, dass die nächsten Monate anfangs Durcheinander und turbulente Veränderungen mit sich bringen. *Dennoch streben diese Veränderungen auf jeden Fall in eine positive Zukunft der Menschheit!*

Die kosmischen Frequenzen und die freie Energie, die sich seit Ostern 2020 überall um euch herum befinden, bringen euch mit der Zeit eine materielle Absicherung, von der die menschlichen

Wesen nicht einmal in ihren fantastischsten Visionen geträumt hätten. Die Materialisation von Gegenständen dank der Technologien, welche die Menschheit nutzen können wird, werden Erleichterung und Sicherheit bringen – und dadurch wird die Angst aus der irdischen Existenz des Menschen verbannt. Technologien, die den menschlichen Körper regenerieren, werden dem menschlichen Wesen seine Gesundheit zurückbringen und Angst vor der Krankheit sowie Schmerzen verschwinden lassen.

Deshalb muss es Veränderungen geben, die dabei helfen, veraltete, nicht dienliche und künstlich erzeugte Systeme zu überwinden.

Die Entwicklung der Menschheit strebt auf positive Weise in eine positive Richtung. Unaufhaltsam. Ihr befindet euch in einer der bedeutendsten Epochen der Menschheitsgeschichte.

Bleibt in eurer Mitte. Geht oft in die Natur. Verbindet euch mit euren Lichtbegleitern und mit eurer Familie im menschlichen Himmel.

Verwendet so oft ihr wollt die **Zahlenreihe 8787**. Diese Zahlenreihe verbindet euch mit allem Reinen, was das menschliche Wesen in sich trägt. Sie verbindet euch mit der reinsten Essenz der Menschheit, die sich in der göttlichen Quelle befindet. Sie hilft euch, spirituell zu wachsen, und sie hilft euch, euch zu erinnern.

Euch an eure reinste Essenz und an euren Plan für diese Inkarnation zu erinnern. Sie verbindet euch mit dem göttlichen Plan. Sie bindet euch an die reinste Essenz und Weisheit eurer Ahnen an.

Visualisiere diese Zahlenreihe vor deinem Herzen und hinter deinem Rücken auf Höhe deines Herzens.

Schreibe diese Zahlenreihe auf einen Zettel und stelle ein Glas Wasser für mindestens drei Minuten darauf. Trinke das programmierte Wasser über den Tag hinweg. Deine Zellen werden sich leichter an diesen Zahlencode anbinden.

Du wirst diesen kosmischen Zahlencode in deinem System tragen, und du wirst dich automatisch an die reinste göttliche Essenz der Menschheit anbinden.

Du wirst deine Frequenz durch deine Gegenwart auf weitere Bewohner dieses wunderschönen Planeten übertragen. Und nicht nur du wirst dich erinnern können – jedes menschliche Wesen wird sich dank deiner erinnern können.

Jeder, dem du begegnest, erhält die Chance, in seiner Kraft und in seiner Mitte durch diese Inkarnation zu gehen. Er erhält die Chance, nach seinem höheren Plan zu leben.

Wir wünschen euch viel Kraft, Energie und Liebe bei den weiteren Schritten hin zu eurer positiven Zukunft.

Wir sind unglaublich stolz auf jeden von euch.

Wir lieben euch und unsere Liebe begleitet euch.

Wir freuen uns auf die Zeit des physischen Zusammentreffens mit euch.

Eure lichtvolle Bewusstseins-Evolution wird uns bald mit euch verbinden.

Wir treffen uns auf dem Spiralabschnitt eures Bewusstseinsaufstiegs.

Frieden mit euch, Frieden mit uns.

Eure plejadischen Begleiter

Von Pavlina selbst eingesprochene Audiofassung:
https://youtu.be/plPax1S2hjs (vollständiger Text)

Die Große Veränderung

Achte Botschaft der Plejader zur aktuellen Lage

---

gechannelt am 25. September 2020

Liebe Lichtbotinnen und Lichtboten!

Diese Zeit bringt große Veränderungen für die gesamte menschliche Gemeinschaft mit sich. Nicht nur die menschlichen Wesen, sondern auch die Tierwesen spüren diese Veränderungen. Die Tierwesen programmieren ihre Bewusstseinsfelder auf positive Wellen um, und sie lassen ihre in vergangenen Zeiten durchlebten veralteten energetischen Abdrücke sich in Licht auflösen.

Große Gebiete der Naturreiche haben sich bereits an die neuen Frequenzen des beginnenden Goldenen Zeitalters angebunden. Pflanzen und Tiere fangen an, die Symboliken der Heiligen Geometrie zu nutzen, welche auf diesem Planeten wieder sehr stark präsent geworden ist.

Bisher war die Bewusstseinsmatrix der Erde verschoben – sie ist von ihrem Urzustand abgewichen. Die verschobene, abweichende Matrix hat die Lebewesen, Pflanzen und Tiere, **nicht** ganz und vollkommen ihren wahren energetischen Sinn leben lassen. Die verschobene, abgewichene Matrix ließ jegliche Population dieses Planeten **nicht** so leben, wie es ursprünglich durch die göttliche Intelligenz geplant war.

Die Korrektur der Matrix – eines energetischen Netzes des Planeten – zurück zu ihrem Urzustand, ihrer Urform und zu ihrer ursprünglichen Position ist in den Septembertagen 2020 erfolgreich geschehen.

Der ganze Planet erlebt jetzt riesige energetische Veränderungen. Der Erdkern erhebt sich energetisch und frequenzmäßig immer mehr. Vom Erdmittelpunkt treten energetische Strahlen aus, die das Innere des Planeten reinigen. *Der Planet Erde und sein Herz bereiten sich auf die vollkommene und energetische Verbindung mit den Strahlen der Zentralsonne vor.*

Das hat zur Folge, dass die Energie der Erde und der überwiegende Teil der Bewusstseinsfelder der Erdenseele Gaia momentan in ihrem Inneren konzentriert sind. Der Planet Erde wird in den nächsten Tagen und Wochen energetische Portale aktivieren, die sich in den Ozeanen, Meeren und in Seen öffnen werden, die mehr als zwanzig Kilometer im Durchmesser betragen. Der Planet verbindet sich über diese Portale mit dem Bewusstsein, der Energie, der Liebe und dem Licht der göttlichen Zentralsonne!

Dadurch entsteht ein erhöhtes Bewusstsein beim Planeten Erde, und die Verbindung mit der fünften Bewusstseinsdimension wird beschleunigt. Die Feinstofflichkeit verschiedenster Gebiete der Erde wird gut wahrnehmbar sein.

Dadurch, dass sich die Erde und ihre Seele Gaia auf weitere energetische Schritte vorbereiten und ihre Energie und ihr Bewusstsein momentan für begrenzte Zeit in ihrem Inneren konzentrieren, ist die Erde in diesen Tagen und Wochen auf ihrer Oberfläche sehr verwundbar. Sie hat aktuell keine Energie und Kraft übrig zu einer umfassenden Unterstützung der menschlichen Gemeinschaft. Die Menschheit ist somit ebenfalls auf gewisse Art und Weise verwundbar.

In dieser Zeit ist Hilfe durch den Menschen für die Erde und für Gaia absolut unverzichtbar! Der Planet Erde befindet sich in einer Zeit der Vorbereitung auf die majestätische energetische Verbindung mit der göttlichen Zentralsonne!

Bis zum Ende des Jahres 2020 wird diese Phase der Verbindung abgeschlossen sein, und das Bewusstsein und die Energie der Erde werden sich wieder überall verteilen. Die menschliche Gemeinschaft wird erneut die volle Unterstützung von Gaia und die Kraft der Erde spüren.

Und über die vorbereiteten Portale der Erde, die bereits aktiviert wurden, sowie über die Portale, die noch auf ihre Aktivierung warten, empfängt die Erde eine unermesslich große Menge an kosmischer Energie. Diese kosmische Energie wird sie in neue Bewusstseinsdimensionen katapultieren, die für den Planeten Erde durch die göttliche Intelligenz schon vorbereitet worden sind.

Das Bewusstsein der Menschheit beginnt sich ebenfalls sehr schnell anzuheben. Damit die Situation auf der Erde zum Positiven verändert werden kann, sind 30 bis 40 Prozent bewusste Menschen notwendig. Wenn diese Anzahl erreicht ist, wird das erwachte Bewusstsein über morphogenetische Felder in alle Räume des Planeten übertragen und die lange ersehnte Veränderung kann kommen. Wir behaupten nicht, dass alle Menschen dieses Planeten die Gewichtigkeit der Gesamtsituation begreifen werden. Aber die genannte Anzahl wird genügen, *damit das Licht auf diesem Planeten siegt.*

Um euch eine Einschätzung zu ermöglichen, möchten wir euch mitteilen, welche prozentuale Tendenz an erwachter Bevölkerung eben in dieser Zeit erreicht worden ist.

Im Juli dieses Jahres wurden 10 bis 15 Prozent erreicht. Jetzt, im September, wurden 23 Prozent an erwachten Bewohnern erreicht. Entsprechend dieser Tendenz könnt ihr sehen, dass sich der prozentuale Anteil sehr schnell erhöht. Unserer Einschätzung nach und nach Einschätzung weiterer Lichtwesen, die dem Planeten Erde helfen, wird die benötigte Anzahl erwachter Erdbewohner bis zum Ende des Jahres 2020 erreicht sein!

Auch wenn euch die Gesamtentwicklung vielleicht langsam erscheint, laufen hinter den Kulissen eurer Wahrnehmung riesige Veränderungen und Prozesse ab.

Die Rückkehr der Energiematrix der Erde in ihren Urzustand war einer der größten Meilensteine und für die Gesamtentwicklung der Erde und ihrer Bevölkerung unabdingbar!

Man könnte sagen, dass jeden Tag und jede Nacht Veränderungen geschehen, die zur positiven Entwicklung beitragen.

Wir können eure Zukunft aus unserer Sicht beobachten, denn wir befinden uns in der Zukunft und eure Gegenwart ist aus unserer Perspektive die Vergangenheit. Wir befinden uns in einem anderen Zeit- und Raum-Kontinuum und deshalb können wir euch sicher sagen, dass die Zukunft der Menschheit bereits positiv programmiert ist. Für die Zukunft der Erde existieren schon alle energetischen Abdrücke, welche die göttliche Intelligenz für die Menschheit und den Planeten Erde vorbereitet hat.

Es kommt nur noch darauf an, wie schnell der prozentuale Anteil bewusster Menschen erreicht wird.

Wir sind überzeugt, dass jeder von euch, der sich seiner spirituellen Entwicklung widmet, zu diesem prozentualen Anteil gehört und jeder von euch mit seinem Licht und der Liebe in seinem Herzen zur Gesamtentwicklung der Situation der Weltbevölkerung beiträgt.

Bitte gebt euer Licht und eure Liebe weiter.

Ihr seid diejenigen, die die Gesamtsituation positiv unterstützen und anderen Bewohnern des Planeten helfen, denen die Gewichtigkeit der gesamten Situation nicht klar ist.

Ihr seid diejenigen, denen die Situation auf der Erde vollkommen klar ist.

Ihr seid diejenigen, die wissen, mit welcher Absicht sie auf diesen Planeten gekommen sind.

Ihr seid diejenigen, mit denen wir und eine unendliche Anzahl weiterer Lichtwesen zusammenarbeiten und denen wir Lichtinformationen und energetische Unterstützung übertragen, damit sie weiter auf ihr Ziel zustreben.

Auf das Ziel der Befreiung der Menschheit und des Planeten von dunklen Elementen und Wesen, die schon Tausende von Jahren diesen Planeten und seine Bevölkerung belasten.

Die Zeit der Befreiung ist gekommen. Die Zeit der Befreiung und die Zeit des Beginns der neuen positiven Zukunft.

Bleibt stark. Bleibt in eurer Kraft. Die nächsten Wochen und Monate könnten turbulent werden. Die Wahrheit beginnt ans Licht zu kommen. Die dunklen Elemente und dunkel errichteten Konstrukte werden von Grund auf erschüttert.

Unserer Ansicht und Beobachtung nach sind die Wahrheit und der Sieg jedoch unaufhaltbar.

Bleibt in eurem Vertrauen und bleibt im Positiven. Dort verbergen sich euer Weg und euer Ziel. Bald werden wir uns in der positiven Zukunft eurer Raumzeit begegnen. Bald werden wir uns auf der Bewusstseinsebene der neu geschaffenen energetischen Matrix der Erde begegnen.

Zeit und Raum sind eins.

Die Liebe und das Gute siegen.

Lichtmeditation zur energetischen Unterstützung von Mutter Erde

In diesen Tagen und in den nächsten Wochen ist es sehr wichtig, Mutter Erde energetisch zu unterstützen. Ihre Seele Gaia freut sich über jeden positiven Gedanken, jede positive Emotion und jede positive Tat eines jeden erwachten Menschen.

Der Planet Erde musste Jahrtausende lang Missbrauch erdulden. Nun ist es an der Zeit, sich für sein Durchhaltevermögen, seine Liebe, seine Energie und seinen Raum als irdische Heimat eurer Inkarnation zu bedanken und ihm zu helfen.

Der Planet Erde ist momentan auf eure Hilfe angewiesen. Sein Übergang in neue Bewusstseinsdimensionen wird dadurch beschleunigt und harmonischer verlaufen. Er wird sich dadurch besser regenerieren und neu starten können.

Deshalb möchten wir dich bitten, für Mutter Erde tätig zu werden. Gehe für deine energetische Hilfe am besten in die Natur hinaus. Wenn du die Möglichkeit hast, suche dir einen Platz in der Nähe von Wasser.

Solltest du nicht nach draußen gehen können, führe diese energetische Unterstützung dort, wo du bist, visuell durch.

Wenn du dich in der Natur befindest, finde einen Platz, der dich sozusagen ruft.

Stelle dich auf diesen Platz und entscheide dich mit deiner reinsten Absicht für die energetische Hilfe von Mutter Erde.

Atme tief ein und aus. Dein Atem verbindet dich mit dem Element Luft.

Verbinde dich gedanklich mit dem Element Wasser. Mit allen Wasserreichen dieses Planeten.

Verbinde dich jetzt mit der Sonne am Himmel. Dadurch verbindest du dich mit dem Element Feuer.

Konzentriere dich nun auf die Erde unter deinen Füßen. Auf das Element Erde.

Durchleuchte dann dein Herz mit goldenem Licht.

Visualisiere vor deinem Herzen die **Zahlenreihe 8787**.

Diese Zahlenreihe verbindet dich mit der reinsten göttlichen Essenz, die jeder Mensch in sich trägt. Sie unterstützt deine Absicht, der Erde zu helfen.

Visualisiere, dass durch dein Kronenchakra das goldene Licht der göttlichen Energie zu deinem Herzen strömt.

Lasse dieses mächtige, goldene Licht nun durch deinen Körper zum Mittelpunkt der Erde fließen.

Das Herz der Erde nimmt das goldene kosmische Licht und das goldene Licht deines Herzens auf.

Das kosmische heilende Licht fließt ununterbrochen durch deinen Körper und durch dein Herz zum Erdenherz weiter.

Dein Herz und deine Absicht heilen das Herz des Planeten Erde. Dein Herz und deine Absicht heilen den Planeten Erde und das kosmische Licht hilft dir dabei.

Das Herz der Erde strahlt und heilt.

Das Herz der Erde nimmt an Kraft, Energie, kosmischen Impulsen und Informationen zu.

Lasse jetzt auch Dankbarkeit aus deinem Herzen hinausströmen. Sende diese wunderschöne, liebevolle Frequenz zum Herzen dieses Planeten aus.

Und nun sprichst du ...

»Dankbarkeit, Liebe und kosmisches Licht treten aus meinem Herzen aus und heilen das Herz des Planeten Erde.

Die Elemente Luft, Wasser und Feuer unterstützen die Heilung der Erde.

Ich übertrage kraft meiner reinsten Absicht alle Elemente und alle Lichtfrequenzen, die in diesem Augenblick dem Planeten Erde helfen können.

Die Heilung des Herzens des Planeten Erde verläuft gerade jetzt. Zeit und Raum sind eins.

Ich segne den Planeten Erde auf allen Ebenen seines Seins.

Danke, danke, danke.«

Dein Herz strahlt weiter und wird durch das goldene kosmische Licht genährt.

Wir danken dir für deine Hilfe.

Frieden mit euch, Frieden mit uns.
Eure plejadischen Begleiter

Von Pavlina selbst eingesprochene Audiofassung:
https://youtu.be/F1177-_ss4Q (vollständiger Text)
https://youtu.be/nKvw2HCnTL8 (nur die Lichtmeditation)

Frequenzen des Friedens

Neunte Botschaft der Plejader zur aktuellen Lage

gechannelt am 14. November 2020

Liebe Lichtbotinnen und Lichtboten!

Bleibt bitte in eurem Herzen und macht euch keine Sorgen um die Zukunft. Bleibt bitte in eurem Herzen und gebt euer Vertrauen in die positive Zukunft nicht auf. Bleibt bitte in eurem Herzen und schließt ein für alle Mal mit eurer persönlichen dunklen Vergangenheit ab. Bleibt bitte in eurem Herzen und lasst die Frequenzen des Friedens und der Dankbarkeit in euer Herz hineinströmen.

Die Frequenzen des Friedens verbinden euch mit unendlichem Frieden und mit unendlicher Dankbarkeit. Lasst diese Frequenzen in euer System fließen und nähert euch damit frequenzmäßig der göttlichen Quelle an.

Macht euch keine Sorgen um die Zukunft. Im Gegenteil. Jeder von euch erzeugt genau jetzt, in diesem Augenblick, seine neue positive Zukunft. Und nicht nur das. Alle, die gerade ihre persönlichen energetischen Systeme durchleuchten, durchleuchten damit gleichzeitig auch die Gesamtsysteme dieses Planeten.

Schritt für Schritt geht ihr auf die positive Zukunft zu.

Denkt daran, dass die Mehrheit der menschlichen Wesen das Geschehen um sie herum bislang nur durch den Seh- und Hörsinn wahrnehmen kann. Denkt daran, dass hinter den Kulissen, welche die Mehrheit der menschlichen Wesen bisher mit ihren Sinnen nicht wahrnehmen kann, Prozesse ablaufen, die der menschlichen Gemeinschaft zum persönlichen und gemeinsamen Sieg verhelfen.

Die Anzahl der Bewohner dieses Planeten, die erwacht sind, hat in diesen Tagen 34 Prozent erreicht. Es bleibt uns nichts anderes übrig als freudig festzustellen, dass die Zahl der Bewohner, die die momentane Situation verstehen und bewusstseinsmäßig zur gesamten spirituellen Bewegung beitragen, immer mehr wächst.

Unserer Einschätzung und unseren Berechnungen nach wird die notwendige Zahl an Bewohnern (um die 40 Prozent) bis Ende dieses Jahres erreicht sein.

Das sind sehr erfreuliche Aussichten, denn diese Anzahl an Bewohnern trägt dazu bei, dass die positive Welle des Geschehens die dunklen Netze der Wesen und Elemente, die diesen Planeten und seine Bevölkerung quälen, neutralisiert.

Der Planet Erde nimmt mit jedem neuen Tag eine riesige Menge an Licht auf, das dazu beiträgt, dass sich das Erdinnere reinigt und das Herz dieses Planeten sich absolut und erfolgreich mit der göttlichen Zentralsonne verbindet.

Das Sonnensystem, von dem euer Planet ein Teil ist, verbindet sich erfolgreich mit anderen Sonnensystemen und mit der Zentralsonne eurer Galaxis.

Die spiralförmige Entwicklung führt zu positiven evolutionären Veränderungen, die unaufhaltsam sind und die ablaufen, ohne dass die menschliche Zivilisation etwas dafür tun muss.

Das ist ein Gesetz des Kosmos und ein Gesetz der göttlichen Quelle. *Die spiralförmige, lichtvolle evolutionäre Entwicklung, die nicht nur euer Planet, sondern auch Milliarden weitere Planeten eures galaktischen Systems erleben, nähert sich den Gesetzen der lichtvollen Liebe der göttlichen Quelle und der lichtvollen göttlichen Gerechtigkeit.*

Euer Planet steigt zusammen mit weiteren Planeten Schritt für Schritt in lichtvolle, liebevolle Ebenen auf. *Die Liebe der göttlichen Quelle ist ein Magnet, der die Erde und seine Bevölkerung liebevoll zu sich zieht.*

In einigen Jahren werdet ihr euch umsehen und erkennen, dass dieser »schlechte Traum«, der aktuell so umfassend in eurer Realität abläuft, einer der letzten Versuche der dunklen Mächte war, den Planeten und seine Bevölkerung in der dritten Dimension einzusperren.

Die Entwicklung des Lichts in eurem Herzen befreit euch aber aus dieser Dimension.

Verlasst die veraltete Realität.

Verlasst dunkle Gedanken.

Konzentriert euch auf die positive Zukunft, die im Augenblick auf euch wartet und die sich unaufhaltsam nähert.

Euer Planet Erde hat die ersten Schritte zu seiner positiven Zukunft bereits getan. Tut auch ihr solche Schritte und verbindet euer Herz mit der göttlichen Quelle.

Mit der göttlichen Quelle der Liebe, die euch definitiv aus der dritten Dimension befreit.

Bleibt in eurem Herzen. Bleibt im Vertrauen.

Der göttliche Plan ist unfehlbar. Der göttliche Plan eurer positiven menschlichen Zukunft ist bereits programmiert.

Jeder von euch ist ein Schlüssel zur positiven Zukunft. Jeder von euch. Der Schlüssel befindet sich in eurem Herzen. Nicht mehr, nicht weniger.

Seid euch dieser Tatsache bewusst und handelt danach.

Frieden und Dankbarkeit in eurem Herzen helfen euch Schritt für Schritt, aus den schweren Dimensionen herauszutreten. Ihr verlasst die dritte Dimension. Jede positive Tat, jeder positive Gedanke und jede positive Emotion neutralisiert die veraltete Welt der dritten Dimension.

Euer Aufstieg in die fünfte Bewusstseinsdimension ist unaufhaltbar. Ihr steigt unaufhaltsam auf.

Liebe Erdenseele, liebe Freundin oder lieber Freund, zu deiner energetischen Stärkung für diese Zeit dürfen wir dir noch eine kurze Affirmation mitgeben:

»Ich bin die Liebe des Lichts und Dankbarkeit durchleuchtet mein Herz.

Meine Realität ist durchdrungen von göttlichem Licht.

Die Strahlen der kosmischen Freiheit und Reinheit befreien meine Seele, meinen Geist und meinen Körper.

Meine Gegenwart und Zukunft sind absolut positiv und voll von Liebe, Licht, Glück, Frieden und göttlichem Segen.

Meine Lichtwesen unterstützen und begleiten mich stets und sie zeigen mir den Weg, der für mich am besten ist.

Ich segne mich, ich segne meine Liebsten, ich segne alle Wesen dieses Planeten.

Ich segne den Planeten Erde.

Danke, danke, danke.«

Wir sind bei dir und begleiten dich.

Jedes Wort dieser Durchgabe wurde von uns und den Lichtwesen positiv programmiert.

Jedes Wort dieser Durchgabe kann dein Herz heilen, wenn du es zulässt.

Beim Anhören der Botschaft und beim Sprechen der Affirmation bist du automatisch an die Liebe und das Licht der göttlichen Quelle angebunden.

Jeder Einzelne von euch!

Frieden mit euch, Frieden mit uns.
Dankbarkeit und Liebe verbinden uns.
Eure plejadischen Begleiter

Von Pavlina selbst eingesprochene Audiofassung:
https://youtu.be/ZtFpJlJv5nk (vollständiger Text)

Der Kornkreis in Fischen

Eine Botschaft der plejadischen Wesen zu dieser Erscheinung

Dieser mehr als ein Hektar große Kornkreis entstand in Fischen. Das liegt südwestlich von München, in der Nähe des Ammersees. Es versteht sich von selbst, dass ich gleich hingefahren bin, als er am 26. Juli 2020 aufgetaucht war, um eine Botschaft von den plejadischen Wesen zu empfangen. Es ist nicht der erste Kornkreis in dieser Gegend, den ich »live« besuchen durfte.

Seid gegrüßt in der fünften Dimension eurer Bewusstseinsentwicklung!

Das, was ihr in diesem Kornkreis um euch herum seht und fühlt, hat eine große Bedeutung. Durch unsere plejadische Energie haben wir riesige energetische Knotenpunkte Mitteleuropas, die sich tief in der Erde befinden, miteinander verbunden. Gleichzeitig haben wir auf diese Weise die Energie der Energieknotenpunkte angehoben.

Das lichtvolle Strahlen, das von dieser Struktur ausgeht, reicht bis zu acht Kilometer im Umkreis und bis zu dreißig Kilometer in die Tiefe. Wenn ihr den Kreis feinstofflich betrachten würdet, könntet ihr sehen, dass sich die Energie seines Musters um sich selbst dreht. Seine Geometrie enthält parallele Linien, welche die Schwingung der Erdlinien, die wir verbunden haben, erhöhen. Außerdem hebt das zur besseren Kommunikation mit uns auch gleich die Energie der Kristallnetze in der Erde an.

Wenn ihr euch auf dieses Bildnis stellt oder euch in seiner Nähe aufhaltet, nimmt euer spirituelles Bewusstsein enorm zu. Die Energie des Kornkreises erhöht die Schwingung eurer Zellen, die sich über die aufgeladenen Lichtschwingungen sehr freuen. Das wiederum ermöglicht euch eine noch stärkere Verbindung mit der kosmischen Energie.

Man könnte sagen, dass das ganze weite Feld in Licht erstrahlt. Und damit auch alle Pflanzen und das Erdreich. In einem magnetischen Licht. Der Magnetismus, der in diesem Feld entsteht, ist sehr positiv. Er erzeugt ein Lichtportal, das einen direkten Zugang zum Plejadengestirn darstellt. Aber er öffnet nicht nur ein Feld zu den plejadischen Sternen, sondern ermöglicht neben der Verbindung der Erde zu ihrer galaktischen Umgebung auch eine Verbindung der Erdoberfläche mit dem Erdinneren. So haben wir das gesamte Strahlen in der Erde verstärkt. Dieses Muster nennen wir einen »energetischen Stempel«, der durch seine Existenz Energie verteilt und diese zudem in einer stabilen Position hält, damit sie sich dauerhaft und ohne äußere Einflüsse in der Erde ausbreiten kann.

Unsere Kommunikation mit euch verläuft bisher verdeckt, aber der Kornkreis enthält eine Botschaft an euch. Sie lautet: »Friedliche Kommunikation zwischen euch und uns. Baldiges Zusammentreffen zwischen den irdischen und den außerirdischen Zivilisationen.« Und eine weitere Botschaft dieses Kornkreises lautet: »Kommunikation des Planeten Erde mit dem kosmischen Licht und mit anderen besiedelten Planeten.« Das verrät euch, dass wir plejadische Wesen euch bald gänzlich und physisch erscheinen werden.

In dieser Zeit ist es äußerst notwendig, die Lichtschwingungen der europäischen Staaten anzuheben und zu stärken. Das haben wir durch die Verbindung der energetischen Knotenpunkte gemacht, durch deren harmonisches Zusammenwirken, von uns angeleitet, der Kornkreis entstand.

Wir haben quasi die Gesamtenergie Europas angehoben. Auch dadurch erhöht sich die Spiritualität der menschlichen Wesen hier, was zur Wahrnehmung unserer ersten offiziellen Besuche auf dem Planeten Erde führen wird.

Und besonders die Anhebung der Lichtschwingungen von Deutschland ist uns wichtig. Deutschland ist ein sehr spiritueller Staat. In seinem Boden ist unterschiedlichstes Wissen einkodiert, das von diesem Volk auf die Erde gebracht wurde. Das deutsche Volk ist sehr eng mit den slawischen Völkern verbunden und gemeinsam bilden sie eine große spirituelle Gemeinschaft. Deutschland hat eine bemerkenswerte spirituelle Vergangenheit, aus der viele andere Völker in Europa und auf der ganzen Welt schöpfen.

Riesige morphogenetische Felder wurden erschaffen durch die Spiritualität des deutschen Volkes. In diesen Feldern wird Wissen aufbewahrt, das von den Ursprungsplaneten zu euch gebracht wurde. Wissen über Teleportation, Manifestation, Regeneration des Körpers und viele weitere Bereiche angeborener Fähigkeiten des Menschen, nach denen die Menschheit sucht und an die sie sich nach und nach wieder erinnert. So oft wurde es von den dunklen Mächten überfallen, weil sie dieses Wissen für sich nutzen wollten.

Unzählige Male erlitt es bereits furchtbare Strafen für sein Wissen. Zuletzt im Zweiten Weltkrieg, für das es von vielen Millionen Menschen verflucht wurde. Bis heute leidet die deutsche Bevölkerung unter dem Gefühl der Schuld und der energetischen Verfluchung. Es ist notwendig, die Seele Deutschlands zu segnen und zu stärken. Sie ist immer noch traurig und hat noch nicht zu ihrer vollen Kraft zurückgefunden. Die Seele Deutschlands erscheint uns in einer weiblichen Form und in einer weiblichen Energie. Sie ist wunderschön und zeigt sich uns in einer rosagoldenen Energie, die sie in sich trägt.

Deutschland hat eine wunderschöne, anmutige Seele und zusammen mit dem deutschen Volk lange genug gelitten. Sie würde gerne zu ihrer majestätischen Gestalt und zu ihrer vollen Verbindung mit jedem Menschen in Deutschland zurückkehren. Die Verbindung jedes Menschen mit der Seele Deutschlands würde dem gesamten Land Erleichterung, Kraft und Seelenfrieden bringen. Die Seele Deutschlands wird sich erneut zu ihrer ursprünglichen Größe entfalten und jeden einzelnen Bewohner dieses Landes umarmen können, damit sie sich wieder an ihren Ursprung erinnert und ihre Realität erkennt.

Viele menschliche Seele haben die Verbindung mit der Seele ihres eigenen Volkes verloren. Kaum jemand weiß, dass sie dadurch auch die Verbindung zur übergeordneten Seele verloren hat, die für die gesamte Menschheit zuständig ist.

Die Seelen der einzelnen Völker stehen in ständiger Kommunikation mit der Seele der Menschheit. Sie lieben einander und alle Seelen wünschen sich, dass die Völker wieder so leben wie früher. In Frieden, Harmonie und gegenseitiger Unterstützung.

Alle Seelen der einzelnen Völker sind friedlich untereinander verbunden, zwischen den Völkerseelen gibt es keine Konkurrenz. Alle Seelen, auch die aller Völker, sind durch ein höheres Bewusstsein miteinander verbunden.

Ihr alle wisst, dass Konkurrenz durch die dunklen Mächte geschaffen worden ist, damit sich die Menschen voneinander trennen. Und damit sie Kriege gegeneinder führen und um den Besitz oder das Wissen einzelner Völker kämpfen.

Die Seelen der einzelnen Völker bilden zusammen wunderschöne, bunte Muster und das tut jeder Einzelnen dieser Seelen gut, denn manche Seelen bestimmter Völker fühlen sich schon absolut kraftvoll, während andere noch einen großen Druck verspüren, der durch die dunklen Mächte auf die Bevölkerung übertragen wurde.

Verbinde dich oft mit der Seele deines Volkes, um ihre Kraft, Energie und ihr Licht zu unterstützen! Segne sie und segne ihre Heilung. Falls du in einem Land lebst, das nicht deine Heimat ist, unterstütze auch seine Seele.

Die Seele deiner aktuellen Heimat.

Segne die Seele deines Volkes und des Volkes, in dem du lebst.

Momentan laufen auf diesem Planeten sehr große Prozesse ab. Die Lichtrevolution, die der Menschheit eine neue, positive

Zukunft bringt, bringt große positive Veränderungen mit sich, die in die neue, unverfälschte Geschichte der Menschheit eingehen werden.

Jeder Mensch spielt auf diesem Planeten eine gewisse Rolle. Jeder Mensch hat sich für diese Rolle entschieden. Er hat sich eigenständig entschieden und es ist sehr weise von jedem Menschen, sich selbst und seine Liebsten auf diesem irdischen Weg zu unterstützen.

Bitte vergesst Konkurrenz. Bitte vergesst Hass und Boshaftigkeit. Kommt zu eurer Essenz und eurer Liebe zurück. Diese Zeit ist herausragend und absolut bedeutend!

Jeder auf diesem Planeten lebende Mensch erhält gewaltige Unterstützung von der Lichtwelt und ihren Wesen. Jeder Mensch kann für diese Inkarnation so viele Lichthelfer erhalten, wie er möchte und braucht!

Die göttliche Intelligenz hat einen Plan zur Befreiung der Menschheit dieses Planeten entwickelt. Und jeder Bewohner des Planeten wurde vor seiner Ankunft über diesen Plan informiert. Jeder von euch ist ein Teil des Plans. Jeder von euch spielt eine bedeutende Rolle. Auch wenn sie euch jetzt vielleicht noch nichtig und unbedeutend erscheint.

Jeder von euch wurde vor seiner Ankunft mit der Seele des Volkes verbunden, in das er hineingeboren wurde. Nutzt diese Verbindung zu eurer gegenseitigen Stärkung! Seid euch der Bedeutung eurer Inkarnation hier auf der Erde bewusst!

Frieden mit dir, Frieden mit uns.

Die Relevanz eurer Inkarnation auf diesem Planeten

Abschließende Worte der Plejader

In dieser Neuen Zeit habt ihr die Möglichkeit, viel schneller an euren Angelegenheiten zu arbeiten als früher. Das Jahr 2020 hat so viel feinstoffliche Lichtenergie gebracht, dass für den Menschen alles, was energetisch dunkel ist, jetzt viel besser sichtbar und wahrnehmbar ist. Jeder Mensch, der energetisch arbeitet, wird das bestätigen können. Er wird bestätigen können, dass er dunkle Energien und Programme, die aus der Tiefe an die Oberfläche treten, seitdem leichter definieren, erkennen und verarbeiten kann.

Die Lichtwesen haben in dieser Neuen Zeit viel mehr Kraft erhalten und können den Menschen stärker und lichtvoller unterstützen und führen als früher. Dank der großen Intensität des Lichts, die es nun auf dem Planeten gibt, fällt ihnen der Zugang zum System des Menschen und zu seinem unmittelbaren Umfeld leichter. Das Herzenslicht des Menschen hilft ebenfalls sehr beim Zugang der Lichtwesen zur irdischen Realität.

Dunkel schwingende Muster im System des Menschen werden inzwischen eines nach dem anderen buchstäblich an die

Oberfläche katapultiert. Der Mensch hat in der Neuen Zeit die Möglichkeit, kraft seiner Absicht diese dunkel schwingenden Muster abzugeben oder sich den Menschengruppen zuzuwenden, die sich entschlossen haben, ihr irdisches Leben weiter in ihrer persönlichen dritten Bewusstseinsdimension zu erleben. Jeder einzelne Mensch hat diese Wahl. Das ist die freiwillige Entscheidung eines jeden Menschen.

Diese Neue Zeit bringt große Veränderungen im Denken des Menschen mit sich. Die Wahrheit dringt an die Oberfläche. Die Wahrheit wird innerhalb weniger Monate und Jahre eine enorme Menge an Bewusstseinsfeldern verändern, die von Menschen erschaffen wurden. Sie öffnet die Herzen der Menschen, die ihre Inkarnation bisweilen in einem Bewusstseinsschlaf erleben, und verändert die Systeme der künstlich erschaffenen Konstrukte der menschlichen Gesellschaft. Die Wahrheit, die unaufhaltsam an die Oberfläche dringt, durchleuchtet noch die dunkelsten Ecken dieses Planeten – auch sein Inneres. Sie eröffnet eine Wahrnehmung der Welt mit neuen Horizonten.

Die Wahrheit, nach der sich so viele Menschen sehnen und die sie sehnsuchtsvoll erwarten, heilt die Elemente der dunklen, manipulierenden Vergangenheit in den menschlichen Herzen. Die Wahrheit macht auch vor den Systemen negativ denkender Wesen und Menschen nicht halt. Sie dringt in sie ein und lässt sie in ihren dunklen belasteten Systemen das Gefühl der Gerechtigkeit fühlen. Göttlicher Gerechtigkeit.

Viele dunkle Wesen und menschliche Wesen haben in dieser Inkarnation die Aufgabe eines düster denkenden Individuums auf sich genommen. Sie haben die Aufgabe auf sich genommen, in dieser Zeit negativ zu handeln und dadurch die Herzen der Menschen zu öffnen, die häufig bewusstseinsmäßig noch schlafen und durch ihre Realität irren.

Viele dieser menschlichen, dunkel denkenden Wesen, die anderen Menschen und der menschlichen Gemeinschaft momentan schaden, haben diese schwierige negative Aufgabe auf sich genommen, damit sie mit ihrem jetzigen Standpunkt die karmischen Angelegenheiten ihrer vergangenen Zeiten verarbeiten. Dadurch, dass sie die Rolle eines Menschen auf sich genommen haben, den wegen seines Verhaltens viele Menschen hassen und der sich diesem Hass stellen muss, verarbeiten sie ihren karmischen Fluch. Sie haben eine negative Aufgabe auf sich genommen, die aber anderen Menschen hilft, die Wahrheit und Gerechtigkeit in sich selbst zu finden.

Sobald die Wahrheit und Gerechtigkeit an die Oberfläche dringen, werden diese negativ denkenden Menschen unangenehme Zeiten hier auf der Erde erleben. Und dadurch verarbeiten sie ihren Fluch. Letztlich und von einer höheren Perspektive aus gesehen könnte der Mensch diesen Individuen dankbar dafür sein, dass sie mit ihrem negativen Verhalten geholfen haben, die Augen schlafender Menschen zu öffnen. Alle negativ denkenden Menschen und Wesen dieses Planeten haben mit ihrem negativen Verhalten dabei geholfen, die meisten Bewohner dieses Planeten aufzuwecken.

Das Leben auf diesem Planeten ist mehr oder weniger ein »Spiel«. Ein Spiel, das als real erlebt wird. Viele von euch, die sich gerade fragen, welchen Sinn diese Inkarnation hat, könnten sich darauf verständigen, dass das Leben auf diesem Planeten eines von vielen angefangenen Spielen eurer Existenz ist. Schließlich befindet ihr euch bewusstseinsmäßig auch in anderen Welten, in anderen Dimensionen und in anderen Zeiten.

Wir wissen, dass das für euch schwer zu begreifen ist, aber eure Seele und euer Geist treten nur dann in die Materie des Körpers ein, wenn die Realität eures irdischen Geschehens euch wirklich entspricht und wenn ihr euch an diesem Spiel beteiligt. Wir wissen, dass sich das Leben auf diesem Planeten für euch real anfühlt, aber eure wahre Realität sieht vollkommen anders aus und befindet sich ganz woanders. Eure Realität befindet sich in den göttlichen Höhen. Die göttlichen Räume sind eure Heimat. Durch eure Inkarnation auf diesem Planeten habt ihr euch entschieden, der menschlichen Gemeinschaft als Ganzes zu helfen, aus der dritten Dimension der Bewusstseinsentwicklung auszusteigen. Durch eure Inkarnationen auf diesem Planeten und das Verweilen in einem menschlichen Körper habt ihr der gesamten Evolutionsentwicklung des menschlichen Geistes geholfen.

Das Spiel auf diesem Planeten hilft euch dabei, ins Mosaik der Bewusstseinsebenen und ins Mosaik der Ebenen neuer Dimensionen, Räume und Zeiten der Menschheit hineinzupassen. Aktuell verläuft hier eine Korrektur der menschlichen Geschichte und eine Korrektur der Vergangenheit eines jeden einzelnen Menschen.

Das Spiel, das hier gerade abläuft, hilft bei der Auflösung der dritten Bewusstseinsdimension in göttlichem Licht. Die dunklen, energetischen Abdrücke der menschlichen Gesellschaft lösen sich in Licht auf, ebenso wie sich die dunklen, energetischen Abdrücke des Planeten Erde in Licht auflösen.

Jede Sekunde finden energetische Korrekturen statt, welche die veralteten Abdrücke verschiedenster Räume und Zeiten sich in Licht auflösen lassen.

Die Menschen, die auf diese Erde gekommen sind, sind Spieler, die sich für dieses »Gesellschaftsspiel« entschieden haben.

Jeder Spieler von euch hat diese Aufgabe auf sich genommen.

Jeder von euch ist wahrlich mutig.

Jeder von euch hilft bei der Transformation der dunklen Welten.

Jeder von euch ist unbeschreiblich wertvoll.

Stellt es euch so vor: In jedem Augenblick entsteht eine neue Zukunft. In jedem Augenblick ändern sich die energetischen

Abdrücke dieses Planeten und die Abdrücke der menschlichen Gemeinschaft. Jeder von euch hat ein bestimmtes Energie- und Bewusstseinsfeld um sich herum. Dieses Feld ist beweglich. Es dehnt sich in Raum und Zeit aus. Je nachdem, was ihr gerade erlebt. Je nachdem, was ihr gerade denkt. Dadurch bindet ihr euch an Menschen an, die die gleiche Energie- und Bewusstseinsebene erleben.

Eure Dimensionen, Räume und Zeiten bewegen sich alle. Sie alle verschieben sich und verbinden sich. Eure Welt sieht für uns wie eine Energiekugel aus, die unterschiedlichste Formen und durchsichtige, mehreckige Flächen aufweist. Diese Formen verbinden euch Menschen ununterbrochen neu und verschieben sich untereinander. Jeder von euch beeinflusst jeden. Ihr seid durch eure eigenen Welten untereinander verbunden, die sich gerade zu einer einzigen großen neuen Welt zusammenfügen.

Die dimensionale Welt auf diesem Planeten ist in Bewegung geraten. Ein Vorteil des Lebens auf diesem Planeten war bisher die Möglichkeit, hier in mehreren Bewusstseinsdimensionen gleichzeitig leben zu können. Deshalb wurde der Planet Erde so oft von menschlichen Wesen besucht, die ihre Angelegenheiten verarbeiten wollten.

Bald wird auf dem Planeten Erde nur noch das Leben in der fünften Bewusstseinsdimension möglich sein. Die dritte Dimension wird bald transformiert sein. Alle ihre energetischen Abdrücke werden in göttlichem Licht transformiert sein.

Das »Gesellschaftsspiel« wird damit beendet sein.

Der Planet Erde lässt keine andere Schwingung mehr zu.

Ihr alle, die ihr noch irgendwelche unverarbeiteten Angelegenheiten mit euch und in euren Systemen tragt, habt nun in dieser Inkarnation die Möglichkeit, diese Angelegenheiten definitiv loszulassen. Deshalb seid ihr hierhergekommen. Um dieses Spiel abzuschließen. Das Spiel der menschlichen Gesellschaft, das keine fairen Regeln hatte. Ihr alle, die ihr gerade auf diesem Planeten weilt, habt euch entschieden, die menschliche Geschichte und ihre dunklen Abdrücke gemeinsam zu reinigen und euch davon abzutrennen.

Mit jeder Sekunde laufen reinigende und neutralisierende Prozesse ab. Die negativen energetischen Abdrücke, die aktuell neutralisiert werden, sehen für uns wie Eisschollen aus, die gerade Risse bekommen und zerbrechen und sich dann im Licht und in der Wärme der neu entstandenen energetischen Welten auflösen. Die durchsichtigen, mehreckigen Flächen der energetischen Welten verbinden sich mehr und mehr mit euch Menschen und ihr könnt spüren, dass die eintreffende neue Energie eine unglaublich positive, wärmende Kraft hat – und dass sie mehr und mehr positive Menschen miteinander verbindet.

Eure Dimensionen, Räume und Zeiten verbinden sich jetzt untereinander und eure Körpermaterie nimmt das alles auf. Euer Körper ist ein Transportmittel zur Realisierung neuer positiver Zeiten und Welten auf diesem Planeten. Während sich euer Geist und eure Seele in dimensionalen, räumlichen und zeitlichen Existenzen bewegen, macht euer Körper hier auf der Erde Schritte, die Abdrücke der neuen Zukunft erzeugen.

Eure Seele ist multidimensional. Und eure Multidimensionalität hilft dabei, eine neue Grundlage für die menschliche Gemeinschaft zu bauen. Ihr seid nicht klein. Ihr seid groß. Ihr seid größer und machtvoller, als ihr euch überhaupt vorstellen könnt.

Ihr seid die Schöpfer dieser Welt. Ihr seid die Schöpfer der Realität der neuen Zukunft der Menschheit. Ihr seid großartige göttliche Wesen, die das göttliche Licht in sich tragen. Ihr seid Gott selbst. Jeder von euch trägt das Licht Gottes in seinem Herzen.

Die Professionalität eures Handelns hier auf der Erde führt unablässig zu Veränderungen, die nur das eine Ziel haben, den göttlichen Plan umzusetzen – die Neutralisierung der dritten Bewusstseinsstufe und die schrittweise Erschaffung der fünften Bewusstseinsebene, die den Planeten Erde mit weiteren Planeten ähnlicher Entwicklung verbindet.

Ihr seid machtvoll und liebevoll in eurem menschlichen Herzen. Euer Herz zeigt euch die Richtung, in die ihr euch aufmachen sollt. Euer ganzer Lebensweg ist ein einziges Abenteuer auf diesem Planeten – auf dem Planeten Erde, auf dem ihr gerade einen Teil eurer multidimensionalen Existenz durchlebt. Jetzt durchlebt ihr eine irdische Existenz. Aber eure Heimat ist viel abenteuerlicher und lichtvoller.

Euer Herz verbindet euch mit dem Abenteuer und der Vielfalt eurer lichtvollen Heimat. Vergesst das nicht. Euer Herz verbindet euch mit eurer wahren Heimat und mit eurer unerschöpflichen Urkraft aus der Lichtwelt.

Vergesst nicht, dass euer Herz euch mit eurer göttlichen Heimat verbindet. Euer Herz verbindet euch mit allem, was ihr seid. Mit allem Wesentlichen. Vergesst das niemals.

Ihr seid das Licht und die Liebe des Universums.

Ihr seid das Licht und die Liebe dieses unendlichen Geschehens.

Ihr seid das Licht und die Liebe dieser göttlichen Existenz.

Ihr seid ein Teil davon und sie ist ein Teil von euch.

Ihr seid das Licht und die Liebe dieses Planeten.

Ihr seid das Licht und die Liebe Gottes auf diesem Planeten.

Eure Taten und euer Aufenthalt auf diesem Planeten bringen der Gesamtexistenz dieses Planeten göttliches Licht.

Euer Geist, eure Seele und euer Körper sind göttliche Lichter, die auf diesem Planeten ihr Zuhause gefunden haben.

Eure Existenz heilt diesen Planeten.

Eure Existenz heilt die Menschheit.

Vergesst eure Größe nicht. Vergesst euer Licht nicht. Vergesst eure Liebe nicht.

Liebe und Licht verbinden uns und machen uns glücklich. Wir sind mit euch.
Wir danken euch für eure Existenz auf diesem Planeten.
Wir danken euch dafür, dass ihr seid. Dafür, dass ihr existiert.
Wir segnen euch und wir lieben euch.

Wir verabschieden uns nun von euch. Wir verabschieden uns nur in Worten. In Wahrheit bleiben wir in eurer Nähe. Die Liebe und das Licht unserer Herzen verbinden uns mit euch.

Wir wünschen euch weiterhin viel Erfolg. Viel Kraft, Ausdauer, Glück und Freude auf diesem irdischen Weg.

In Liebe!
Eure plejadischen Begleiter

Mein aktuelles Nachwort

Als mir vor Jahren mein erster telepathischer Kontakt mit den plejadischen Wesen gelang, erhielt ich Informationen, die ich anfangs nicht wirklich verstand.

Bis heute klingen ihre Sätze in meinem Kopf nach. Sie teilten mir mit: »Das, was du für die Vergangenheit und Geschichte der Menschheit hältst, ist nicht wahr. Die Menschheitsgeschichte wurde manipuliert. Das, was du in der Schule gelernt hast, entspricht nicht der Wahrheit. Die meisten Ereignisse sind anders verlaufen oder haben gar nicht stattgefunden. Darwins Theorie ist eine der größten Fälschungen, die der Menschheit angetan wurden. Der Glaube an die verfälschte, vom Positiven ins Negative veränderten Kraft von Jesus Christus und weiteren religiösen Richtungen hat die Gesellschaft gespalten und Kriege gebracht. Auf der Erdkugel vollzieht sich eine Jagd nach uraltem Wissen. In den Urwäldern des Amazonas und in unterirdischen Tunneln leben Zivilisationen, von denen die Öffentlichkeit bisher nicht mal eine Ahnung hat …« – BAAAM!!!

Bis zu der Zeit, als sich die plejadischen Wesen an mich angebunden haben, war ich es jahrelang gewohnt gewesen, den liebevollen, lichtvollen Sinfonien und Worten von Engelwesen zu lauschen. Ich war es gewohnt gewesen, von den Erfahrungen verstorbener Familienangehöriger zu hören. Ich war es gewohnt gewesen, Informationen von Engeln und Lichtwesen zu erhalten, die wie in lichtvolle Watte eingepackt waren.

Die Worte der plejadischen Wesen waren für mich eine Erweckung aus der wohltuenden Heimeligkeit. Ihre Worte und Informationen waren von Anfang an unglaublich gezielt und konzentriert. Bei der Kommunikation mit ihnen fiel meine rosarote Brille von mir ab, durch die ich die Welt, in der wir leben, bisher wahrgenommen hatte. Ich wusste zwar, dass auf diesem Planeten »etwas nicht stimmt«, aber ich konnte das in meinen Vorstellungen und Gedanken nicht ganz greifen. Ich verstand nicht alle Zusammenhänge, die die menschliche Gesellschaft und im Grunde jeden von uns auch negativ beeinflussen.

Seit diesen ersten Sätzen meines Erwachens sind so viele handfeste Dinge und »Zufälle« geschehen und ich habe eine so große Menge an Informationen bekommen, dass sich meine Meinung über diese Welt, die wir alle als unser Zuhause betrachten, geändert hat. Mein Verständnis dieser Welt und zwischenmenschlicher Beziehungen heilte mein System. Und es nahm mir die Angst vor der Zukunft und vor allem, was um uns herum geschieht. Angst vor all dem, was für mich unfassbar und schwer zu greifen war.

Seit ich die ersten Informationen von den plejadischen Wesen erhielt, sind mehr als zehn Jahre vergangen. Ihre Informationen waren immer gezielt. Ihre Worte werden stets von den Frequenzen des Mitgefühls und Verständnisses begleitet. Sie möchten nicht, dass wir wegen ihrer Informationen Angst bekommen. Sie möchten, dass wir die Realität verstehen. Sie teilen uns stückweise Informationen über die »große Wahrheit« mit. In leicht verdaulichen Dosierungen, die wir in der Lage sind anzunehmen und zu verarbeiten.

Wenn ich darauf zurückblicke, was sich bei mir seitdem alles zum Positiven verändert hat und was sich bei anderen Menschen zum Positiven verändert hat, die sich entschieden haben, den Worten der Plejader zu lauschen oder sie zu lesen, sehe ich unglaubliche Fortschritte und positive Veränderungen in den Lebens- und Bewusstseinssystemen. Wer einmal ihre Heilkraft erlebt hat, spürt, dass sich sein Bewusstsein anhebt und seine Körperhülle zu heilen beginnt. Durch die Gegenwart plejadischer Frequenzen und Wesen verbinden sich diese Menschen mit kosmischen Frequenzen, mit dem kosmischen Bewusstsein und mit den kosmischen Möglichkeiten, die sich überall um uns herum befinden.

Wenn ich mit den plejadischen Wesen arbeite, ist es für mich jedes Mal faszinierend, dass sie für jede Situation eine Lösung parat haben. Sie sind mit allen Lichtwesen verbunden, die für uns Menschen zuständig sind. Dadurch können wir eine Heilung oder Lösung von fast allen Situationen erzielen, die auf uns zukommen. Die Plejader kommunizieren mit mir direkt und ohne jegliche Umschweife. Sie packen ihre Worte nicht in »rosa Watte«. Sie wissen, dass die richtige Zeit der Hilfe gekommen ist. Die richtige Zeit der verstärkten Hilfe. Sie wissen, dass die Menschen Hilfe brauchen. Gezielte Hilfe.

Oft teilen sie mir mit, wie glücklich sie darüber sind, dass ihnen vor einigen Jahren vom Kosmischen Rat und von der göttlichen Intelligenz gestattet worden ist, in unsere Systeme einzusteigen. In unsere menschlichen Systeme und in unsere irdischen.

Sie können noch nicht physisch auf der Erde erscheinen und anfangen, direkt mit der Menschheit zu kommunizieren. Sie handeln derweil noch im Hintergrund und begleiten uns lichtvoll und energetisch, aber deshalb nicht weniger intensiv und umfassend. Sie wissen, dass jetzt die Zeit der verstärkten Hilfe gekommen ist. Dennoch geben sie uns noch eine Weile, damit die Menschheit von selbst erwacht. Sie begleiten uns und helfen uns, aber der Prozess des Erwachens der Menschheit muss von uns ausgehen.

Ich glaube daran und bin fest überzeugt, dass die Menschheit auf dem besten Weg dahin ist. Ich glaube daran und bin überzeugt, dass die Plejader schon bald in direkten Kontakt mit uns treten werden. Ihre Raumschiffe sind um den ganzen Planeten herum positioniert. Sie warten nur auf den Augenblick, in dem der Lichtstrahl der göttlichen Quelle in der Menschheit aufblitzt und die Herzen der Menschen in der Lage sein werden, sich mit der zentralen Quelle der göttlichen Liebe zu verbinden. Dann steht nichts mehr im Wege und die erste offizielle Kommunikation und der erste Kontakt kann vollzogen werden.

Auf diesen Augenblick freue ich mich sehr.

Auch wenn meine Worte für viele Bewohner dieses Planeten wie Science-fiction klingen mögen, wird die Zukunft der Menschheit so wie ihre reine Vergangenheit sein. In Kontakt, im Frieden und in Harmonie mit anderen Bewohnern benachbarter Planeten. In längst vergangenen Zeiten war es möglich, sich gegenseitig zu besuchen und zu helfen.

Ich bin fest davon überzeugt, dass der Kontakt schon bald stattfinden wird.

Vor mehr als zehn Jahren, als ich meine ersten medialen Erfahrungen mit den plejadischen Wesen machte, wären diese Gedanken, die ich jetzt mit euch teile, vollkommene Utopie gewesen. Inzwischen leben wir in einer Zeit, in der die Menschheit bisher kaum absehbare, riesige Schritte in der Bewusstseinsentwicklung gegangen ist und geht. Außerdem helfen die planetarischen und kosmischen Prozesse dabei, dass die Menschheit in diese neuen Dimensionen, Räume und Zeiten eines lichtvollen Bewusstseins aufsteigt.

In dieser Zeit erhalten wir nicht nur von verschiedensten Lichtwesen Hilfe, wir erhalten auch unverzichtbare Unterstützung von unseren verstorbenen Angehörigen. In jedem meiner Seminare melden sie sich zu Wort und bieten uns ihre großzügige Hilfe an. Fast immer soll ich Botschaften überbringen und die Anwesenheit der verstorbenen Familie der Seminarteilnehmer erwähnen. Die Worte der Verstorbenen sind sehr kraftvoll und voll von Verständnis.

Jedes Mal sagen sie: »Wir sind hier, wir sind bei euch und mit euch und begleiten euch. Vergesst diese Tatsache bitte nicht. Ruft uns zu euch, wir helfen euch gerne. Wir haben Einblick in eure irdische Zukunft. Wir lieben euch.«

Die Familie unserer verstorbenen Angehörigen erhält in letzter Zeit erhöhte lichtvolle Kraft. Viele karmische Angelegenheiten, die aufgrund der manipulierten Vergangenheit der Menschheit entstanden sind, konnten von den Lichtwesen in göttlichem Licht aufgelöst werden. Das Licht unserer Verstorbenen hat sich dadurch erhöht. Auch jede Energiearbeit, die wir hier auf der Erde durchführen, erhöht und heilt die Realität der Familie im menschlichen Himmel. Wir unterstützen uns gegenseitig.

Bei so mancher Energiearbeit kommt es dadurch zu Erfahrungen, die wir uns früher gar nicht hätten vorstellen können.

Bei einem meiner Seminare in Frankfurt zum Beispiel hatten wir in der Gruppe der Teilnehmer ein wunderschönes, berührendes Erlebnis. Ich leitete eine Energiearbeit an, bei der die Teilnehmer um Hilfe für die weibliche und männliche Linie ihrer Ahnen baten. Wir verbanden uns mit den besten Fertigkeiten, Fähigkeiten und der Weisheit ihrer Vorfahren. Ich bat die Teilnehmer, ihre Bitten und Wünsche auf einen Zettel zu schreiben und sich dann aus reinstem Herzen und in reinster Absicht mit ihren Ahnen zu verbinden und sie auf ihre Bitten hin wirken zu lassen.

Diese Energiearbeit war sehr mächtig und wir spürten die große Kraft der Familie im Licht.

Am nächsten Morgen sprachen wir im Seminar über unsere Erlebnisse vom Vortag. Eine Teilnehmerin, Maike, schilderte uns ein Erlebnis, das uns zu Tränen rührte. Sie berichtete, dass sie bei der gestrigen Arbeit ihre Ahnen um Hilfe bat. Sie wünschte sich, ihren Enkel wiedersehen zu dürfen. Nach einem Streit mit ihrer Tochter hatte sie den Kontakt zu ihm verloren. Das letzte Mal hatte sie ihren Enkel vor fünf Jahren gesehen, als er sieben war. Sie litt jeden Tag sehr darunter.

Als sie nach unserem Seminar nach Hause kam, sah sie, dass auf ihrem Telefon ein verpasster Anruf angezeigt wurde. Sie rief die Nummer zurück – und am anderen Ende der Leitung war ihr Enkel! Nach fünf Jahren des abgebrochenen Kontakts hatte er sie angerufen und sagte nun: »Hallo Oma, ich wollte dich anrufen und fragen, wie es dir geht.« Ihre Telefonnummer hatte er im Internet gefunden.

Nach einigen Monaten sprach ich wieder mit Maike und sie berichtete mir voller Freude, dass sie sich inzwischen alle gegenseitig besuchten. Auch ihre Tochter war zurückgekehrt. Sie war mit ihr und ihrem Enkel wieder im Austausch.

Die Liebe und Hilfe, die uns die Lichtwesen und Verstorbenen zuteil werden lassen, ist so scharfsinnig und unermüdlich, dass uns Menschen oft nicht bewusst ist, wie sehr man sich eigentlich um uns kümmert.

Es genügt, diese Hilfe anzunehmen.

Genau so ist es auch bei den Informationen der Kosmischen Apotheke, die mich dermaßen begeistert! Durch diese Informationen haben sich uns Möglichkeiten eröffnet, von denen wir noch vor wenigen Monaten nicht zu träumen gewagt hätten. Mit der Zeit wird das ständige Einkaufen der verschiedenen Präparate wegfallen, weil sich uns die Tore zur Kosmischen Apotheke und ihren Präparaten geöffnet haben. Wir werden uns an die Eigenschaften der Präparate und Essenzen, die wir benötigen, anbinden können. Wir erhalten als Menschheit dann Zugang zu diesen unendlichen Möglichkeiten!

Auch diese Tatsache hat mich in der Überzeugung bestärkt, dass wir als Menschheit auf einem guten Weg sind und zur Reinheit der menschlichen Seele und zu den Möglichkeiten der erneuten Reinheit unseres Ursprungs hier auf der Erde zurückkehren.

Natürlich fing ich gleich an, mit der Kosmischen Apotheke zu experimentieren, und in der Gruppe, zusammen mit Teilnehmern meiner Seminare, bewerteten wir die Wirkungen von Mitteln, die wir erhalten hatten. Die Ergebnisse dieser Experimente waren absolut fantastisch. Wenn wir uns zum Beispiel mit Wasser befassten, veränderte sich durch das Programmieren nicht nur der Geschmack des Wassers, auch die Färbung in unseren Gläsern veränderte sich. Wir verwendeten Wasser von derselben Quelle. Jeder probierte sein Wasser vor und nach der Programmierung. Die Teilnehmer beschrieben die unterschiedlichsten Geschmäcker beziehungsweise Strukturen des Wassers.

Viele Teilnehmer, welche die Bilder der Lichtwelt wahrnehmen können, sahen die gleichen oder ähnliche Räume dieser Apotheke. Fast alle berichteten, dass diese Apotheke wie eine echte Apotheke aus früheren Zeiten wirkt. Sie hat dunkle Schränke, ein großes Pult, in den Schränkchen stehen unterschiedliche Gläser aus braunem Glas, in denen sich verschiedene Präparate, Essenzen und Kräuter befinden. Die Regale und Schränke sind hoch, es gibt Leitern dafür. Jeder hat auch den Wächter dieser Apotheke gesehen.

Und jeder aus unserer Gruppe hatte von diesen Lichtwesen die Präparate erhalten, die er gerade benötigte.

Ich selbst habe die Wirkungen dieser Apotheke ausprobiert. Eines Morgens hatte ich nach dem Aufstehen das Gefühl, dass ich krank werde. Ich bekam Schnupfen und hatte ein Kratzen im Hals. Also bat ich die Lichtarbeiter dieser Apotheke um Hilfe. Augenblicklich hörte ich das Wort Enzian und Bergkräuter. Ich sah, wie sie mir sofort zu meinem Glas Wasser verschiedene Kräuter und vor allem Enzian brachten. Dieses Wasser trank ich dann schluckweise über den Tag verteilt und am nächsten Tag fühlte ich mich absolut fit! Ich las im Internet nach, welche Wirkungen Enzian hat. Dort stand, dass Enzian bei Schnupfen, Erkältung und beginnenden Infekten hilft. Er mildert fiebrige Zustände.

Die Präparate der Kosmischen Apotheke haben wir schon mehrmals ausprobiert und jedes Mal trat sehr schnell Heilung ein. Es ist wichtig, nicht zu vergessen, dass nicht nur die Präparate ins Wasser programmiert werden, sondern auch unterschiedlichste Frequenzen, Töne, Farben oder geometrische Formen, die gerade benötigt werden.

Aktuell erhalten wir so viel Hilfe von der Lichtwelt, dass uns diese Informationen zur totalen Heilung von Körper, Seele und Geist führen können! Wir haben viel bessere Möglichkeiten und Voraussetzungen zur Heilung als früher. Alles ist feinstofflicher, lichtvoller und hoch schwingend. Von diesem Jahr an sind wir an andere, neue Frequenzen des Kosmos angebunden, die uns bessere Einblicke in verschiedene Dimensionen und Räume gewähren. Der Prozess der Heilung verläuft schneller. Alles Dunkle, was nicht zu uns gehört, löst sich viel schneller in Licht auf als in früheren Zeiten. Denn: Auf unserem Planeten *befindet* sich viel mehr Licht! Alles Dunkle ist viel sichtbarer und kann sich hier auf der Erde und in unseren Systemen nicht mehr halten.

Die Worte der plejadischen Wesen, dass Licht Licht anzieht, sind heute noch viel gewichtiger, als sie es früher waren. Licht zieht Licht an und Licht in unseren Herzen zieht das Licht der göttlichen Quelle an.

Jeder von uns zieht mit seinem Herzen Licht aus der göttlichen Quelle zu dieser Erde an. In sein System, in das System seiner Familie.

Jeder von uns ist unentbehrlich. Diese Zeit braucht solche lichten, liebevollen Personen, wie ihr es seid, liebe Leserinnen und Leser.

Solche Personen wie ihr bringen diesem Planeten und der Menschheit als Ganzes Heilung. Das sind nicht nur Worte. Das ist die Wahrheit. Wir nähern uns gemeinsam dem Ziel. Wir nähern uns der Wahrheit.

Alle zusammen. Alle ohne Ausnahme.

Ich bin glücklich und dankbar für jeden von euch. Ich spüre eure Liebe, ich spüre eure Verbundenheit. Das Licht und die Liebe auf unserem Planeten und in uns Menschen steigen an und dehnen sich aus. In jedem Augenblick. In jedem Augenblick unserer gemeinsamen Existenz. Unserer gemeinsamen Existenz auf diesem wunderschönen Planeten Erde.

Ich danke euch allen für eure Existenz.

Ich danke euch dafür, dass ihr seid.

In Liebe und Hochachtung!
Eure **Pavlina**

Danksagung

Nun sind wir schon wieder am Ende eines Buches angelangt und ich habe die Möglichkeit, auf diesem Weg allen zu danken – für ihre Unterstützung, Anwesenheit, Motivation, Begleitung und Liebe und für ihr starkes Licht. Alle diese Elemente haben mich über die gesamte Zeit des Schreibens hinweg begleitet. Ich erhielt sie von meiner Familie, meinen Freunden, meinem Verleger und euch Leserinnen und Lesern, die ihr mit mir in energetischer und liebevoller Verbindung steht.

In letzter Zeit begleitet mich meine Familie im menschlichen Himmel, die Gruppe meiner Ahnen, verstärkt. Sie geben mir Energie und Ausdauer. Aber die Familien des menschlichen Himmels begleiten euch alle verstärkt, nicht nur mich. Es ist ein großes Geschenk, die Verbundenheit mit der Lichtwelt unserer Vorfahren zu spüren. Unser gemeinsames morphogenetisches Feld wird jeden Tag heller und stärker.

Ich bin auch meinen plejadischen Begleitern wieder unbeschreiblich dankbar für ihre unablässigen Informationen, dank derer wir das gemeinsame Feld der Menschheit immer mehr durchleuchten und heilen können.

Für jede Information und für jedes Wort, das ich »von oben« erhalte, bin ich überaus dankbar.

Jedes Wort ist für mich ein lichtvolles Geschenk. Jedes Wort bringt Heilung und Verständnis.

Und ich habe nun endlich die Gelegenheit, meiner Tochter Nicole wieder einmal aus tiefstem Herzen für die sehr gelungene Übersetzung der Texte dieses Buches aus dem Tschechischen ins Deutsche zu danken. Ebenso danke ich meinem Verleger Michael Nagula für die großartige, professionelle Lektoratsarbeit und für jegliche Organisation der Herausgabe dieses Buches. Seine Arbeit ist unersetzlich und bringt vielen Menschen Hilfe und Freude. Die Liebe zu seiner Arbeit ist in diesem Buch enthalten.

Ich verspüre große Dankbarkeit in meinem Herzen. Für alles. Für jeden Augenblick auf diesem Planeten.

Und vor allem dafür, dass ich zusammen mit meinen plejadischen Begleitern virtuell wieder in euer Zuhause und in eure Herzen eintreten durfte.

Ich wünsche euch allen, liebe Leserinnen und Leser, viel Freude, Glück und Dankbarkeit auf diesem Planeten, auf dem ihr gerade eure irdische Inkarnation durchlebt.

Mit Frieden im Herzen!
Eure **Pavlina**

Daniella Fenton

HYBRIDE MENSCHEN

Wissenschaftliche Beweise für unser 800.000 Jahre altes kosmisches Erbe

AMRA Verlag, ISBN 978-3-95447-428-8
Vorwort von Erich von Däniken
Hardcover, Leseband, 176 Seiten
19,99 € [D]; auch als eBook!

Liebe Leserinnen, liebe Leser!

Ich bin völlig verblüfft von diesem Buch – und wirklich über alle Maßen beeindruckt. Was das australische Channelmedium Daniella Fenton hier zusammengetragen hat, ist eine enorme Menge an persönlichen Erfahrungen, verbunden mit Analysen und Untersuchungen von Wissenschaftlern und Forschern, die alle glaubwürdig nachweisen, dass die Evolution der Menschheit und ihre Geschichte sich nicht so abgespielt haben, wie wir es in der Schule gelernt haben.

Mehr noch: Unsere plejadischen Freunde haben eine große Rolle dabei gespielt.

Daniella hatte von klein auf Kontakte zu den unterschiedlichsten Wesen. Sie erlebte am eigenen Leib, wie es sich anfühlt, ein UFO aus unmittelbarer Nähe zu sehen. Sie unternahm schamanische Reisen zur Auffrischung ihrer Erinnerungen aus früheren Leben, und dank dieser Reisen und ihrem langjährigen persönlichen Interesse an der Vererbungslehre und Abstammungslinien, das sie als international erfolgreiche Pferdehändlerin entwickelt hatte, lernte sie viele Menschen kennen, die weitere Steinchen zur Ergänzung des Mosaiks beitrugen – eines Mosaiks übrigens, in dem auch ein sehr fundiertes Wissen über die alten Maya und das Volk der Aborigines seinen Platz hat.

Wie das mit den Plejadern zusammenhängt? Nun, ihr Buch bietet neben einer sehr anschaulichen Schilderung vom Absturz eines plejadischen Kolonistenschiffes auf der Erde eine Fülle von Beweisen für die Existenz der plejadischen Zivilisation auf diesem Planeten. Es belegt und bestätigt, dass die Plejader einen Teil unserer gemeinsamen menschlichen Familie bilden. Ich habe in meinen Büchern selbst oft von der kosmischen Familie gesprochen, und die Plejader gehören zu unseren engsten Verwandten. Rückführungen bestätigen das.

Viele Menschen erinnern sich an die gleichen Erlebnisse – und zeigen, dass die Plejader uns schon in lange vergangenen Zeiten beigestanden haben.

Das Großartige ist: Als ich dieses Buch zu lesen begann, erinnerte sich ein Teil meines Ichs ebenfalls an meine Anfänge hier auf der Erde, an bestimmte frühere Inkarnationen – genauso übrigens mein Verleger, dem Daniellas Buch schließlich nicht zufällig in die Hände fiel. Wer weiß, ob wir nicht einer Seelenfamilie entstammen? Jedenfalls konnte ich mich plötzlich an plejadische Zusammenhänge mit meinen Inkarnationen in Südfrankreich erinnern, zu dem ich große Verbundenheit verspüre. Meine physische Familie hat ihren Ursprung in Frankreich. Ich erhielt eine riesige Menge neuer Informationen …

Sehr gefreut hat mich auch, dass kein Geringerer als Erich von Däniken ein Vorwort zu Daniellas Buch beigetragen hat. Das zeigt den Stellenwert ihres Werkes. Von seinen über vierzig Büchern, in denen er sich immer wieder damit beschäftigt, dass Besucher von den Sternen unsere gesamte Zivilisation und Menschheitsentwicklung geprägt haben, sind weltweit mehr als siebzig Millionen Exemplare erschienen. Und er spricht mir vollkommen aus der Seele, wenn er sagt, Daniellas Buch sei »ein Meilenstein zum Verständnis unserer Vergangenheit. Es sollte zum Lehrbuch an allen Schulen werden«.

Genau das haben mir auch meine plejadischen Begleiter mitgeteilt, als ich ihnen beim Lesen erstaunt immer wieder kurze Fragen stellte. Daniella hat eine ganz wundervolle Zusammenfassung der wahren historischen Zusammenhänge verfasst, die es in dieser Form – gechannelte Informationen, gestützt durch wissenschaftliche Forschungsergebnisse – bisher noch nicht gab. Es lohnt sich, ihr Buch zu lesen, denn es zeigt, wie wir Menschen durch die Hilfe unserer plejadischen Freunde erst zu dem wurden, was wir heute sind.

Auch meiner bescheidenen Meinung nach ist Daniellas Buch ein Meilenstein. Ich wünsche euch viele Entdeckungen beim Lesen – wie es mir viele Entdeckungen ermöglicht hat. Und ich bin sicher, dass nicht zuletzt dank der Erkenntnisse, die sich beim Lesen unweigerlich einstellen, eure Zukunft sich so gestaltet, wie ihr es euch wünscht!

Viel Glück und Freude,
Eure **Pavlina**

Pavlina Klemm wurde im Jahr 1970 in der Tschechischen Republik im Riesengebirge geboren. Als 19-Jährige kam sie nach München, in dessen Nähe sie heute noch lebt und arbeitet. Schon als kleines Kind hatte sie Kontakt zur Lichtwelt, und als junge Erwachsene war ihr absolut klar, welche Richtung ihr Lebensweg nehmen würde. 1999, kurz vor der Zeitenwende, begann sie dann, intensiv mit alternativen Heilmethoden zu arbeiten. Durch die Arbeit mit der heilenden universellen Energie entwickelten sich bei ihr nicht nur heilerische Fähigkeiten, sondern es erhöhte sich auch ihre Anbindung an die Lichtwelt und das Engelreich. Dank dieser Anbindung sieht sie es heute als ihre größte Aufgabe an, Informationen über die universellen Gesetze und kosmischen Entwicklungen weiterzugeben. Das Ergebnis ihrer Channeling-Kontakte mit der plejadischen Zivilisation sind die Bücher, Übungs-CDs und das Kartenset *Lichtbotschaften von den Plejaden* sowie das Arbeitsbuch *Heilsymbole & Zahlenreihen*, zu dem drei hilfreiche Workshop-CDs sowie ein Kartenset vorliegen.

Bei ihren Seminaren, die Pavlina regelmäßig überall im deutschsprachigen Raum und in Tschechien abhält, werden die Teilnehmer in der spirituellen Entwicklung ihrer Persönlichkeit stets fürsorglich begleitet. Dabei setzt Pavlina nicht nur ihre Ausbildungen als Lebens-Energie-Beraterin® nach Körbler und Reconnective Healing® Practitioner nach Eric Pearl ein, sondern auch ihre Schulungen durch Andrew Blake in Quantenheilung und als Medium der geistigen Welt durch Doreen Virtue, aber ebenso russische Heiltechniken und anderes. Vor allem aber bildet sie ihre Klienten in plejadischen Heiltechniken aus.

Pavlina widmet sich auch weiterhin dem Schreiben über spirituelle kosmische Gesetze, ihre Komplexität und ihren direkten Einfluss auf unsere menschliche Gesellschaft, denn wie sie selbst sagt: »Das Lehren und Erkennen der universellen Gesetze ist so unendlich wie das Universum selbst. Es bringt Freude, Bewusstwerden, Frieden und Reinheit im Herzen.«

Kontakt:
www.PavlinaKlemm.de

Lebens-Energie-Beraterin® nach Körbler
Reconnective Healing®Practitioner
Alternative Heilmethoden

Begleitend zum vorliegenden Plejadenbuch erschien auch eine CD über die Kosmische Apotheke:

»Heilung von Körper, Geist & Seele in der Neuen Zeit« (Übungs-CD 8)

gechannelt von Pavlina Klemm, eingesprochen von Kathrin Mayer, musikalisch begleitet von Sayama
79 Minuten, Jewelcase, ISBN 978-3-95447-454-7
Überall im Handel erhältlich!

Verzeichnis der auf den Plejaden-CDs enthaltenen Übungen und Meditationen

Gechannelt von Pavlina Klemm, eingesprochen von Kathrin Mayer, musikalisch begleitet von Sayama; beim Einsprechen im Tonstudio ist Pavlina immer persönlich anwesend, um die Energie zu halten.

Klangmeditation zur Wiederanbindung der DNA-Stränge

Lichtbotschaften von den Plejaden (Reiner Klang)
**70 Minuten, ISBN 978-3-95447-332-8,
ein durchgehendes Klangfeld**
für Behandlungen und die Energiearbeit sowie zur Raumreinigung – mit gechannelten Meditationsanleitungen von Pavlina im Booklet.

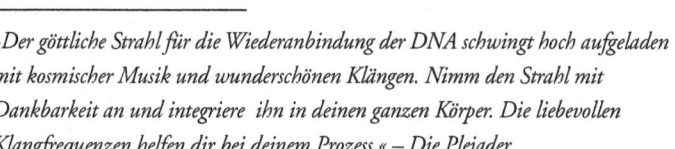

»*Der göttliche Strahl für die Wiederanbindung der DNA schwingt hoch aufgeladen mit kosmischer Musik und wunderschönen Klängen. Nimm den Strahl mit Dankbarkeit an und integriere ihn in deinen ganzen Körper. Die liebevollen Klangfrequenzen helfen dir bei deinem Prozess.*« – *Die Plejader*

Energetische Reinigung und Harmonisierung von Körper und Seele

Lichtbotschaften von den Plejaden (Übungs-CD 1)
62 Minuten, ISBN 978-3-95447-291-8,
noch ohne Musik, gehört zu Buch 1 & 2

1. Anbindung an die reine Essenz des Plejadengestirns und die Verschmelzung mit Gott (7:22)
2. Ablegen des Egos und Reinigung des Körpers (10:20)
3. Verbindung von Körper und Seele (8:48)
4. Reinigung deines Lichtkörpers durch die Plejader (9:04)
5. Reinigung des Blutkreislaufs mithilfe von Lichtenergie (6:42)
6. Die heilende Kraft des Ozeans (10:16) – *nur hier auf CD*
7. Die Liebe des Universums (9:00)

Neue gechannelte Übungen und geführte Meditationen

Lichtbotschaften von den Plejaden (Übungs-CD 2)
79 Minuten, ISBN 978-3-95447-318-2, Musik von Sayama, gehört zu Buch 3

1. Worte der Lichtwelt an dich (5:00) – *eingesprochen von Pavlina, nur hier auf CD*
2. Anbindung an die kosmische Christusenergie (10:25)
3. Anbindung an die liebende Seele von Mutter Erde (10:20)
4. Anbindung an deine ursprüngliche göttliche Essenz (17:20)
5. Anbindung an den Fluss der positiven Geldenergie (10:43)
6. Ritual zur Vergebung aller Menschen und deiner selbst (11:22)
7. Worte der Plejader an dich (5:38) – *eingesprochen von Pavlina, nur hier auf CD*
8. Lichtklänge aus Shambhala (7:17) – *Reiner Klang, nur auf dieser CD*

Zur positiven Umprogrammierung deiner Informationsfelder

Lichtbotschaften von den Plejaden (Übungs-CD 3)
79 Minuten, ISBN 978-3-95447-331-1,
Musik von Sayama, gehört zu Buch 3

1. Wachsenlassen von Licht, Liebe und Dankbarkeit (8:24)
2. Anbindung per Zahlenreihe an deine kosmische Familie (14:40)
3. Positive Umprogrammierung deiner Informationsfelder (17:14)
4. Affirmation & Klang zur positiven Umprogrammierung (37:32)

Heilung von Körper und Seele durch kosmische Liebe

Lichtbotschaften von den Plejaden (Übungs-CD 4)
78 Minuten, ISBN 978-3-95447-351-9,
Musik von Sayama, gehört zu Buch 4

1. Einleitende Worte zur Heilung (4:51) – *eingesprochen von Pavlina*
2. Aktivierung des Zugangs zur Lichtwelt (10:06)
3. Ehre deinen Körper, deine Organe und Zellen (9:56)
4. Durchlichtung der Atmosphäre deines Planeten (7:14)
5. Erhöhter Photonenstrom durch Segen (9:00)
6. Sprich mit den Organen deines Körpers (8:31)
7. Lichtwesen verbinden dich mit der Natur (12:23)
8. Liebe und Dankbarkeit für die Feen (6:03)
9. Aufruf der Wesen des Planeten Venus (8:52) – *eingesprochen von Pavlina*

Rückholung verlorener Seelenanteile und Heilung von Mutter & Kind

Lichtbotschaften von den Plejaden (Übungs-CD 5)
78 Minuten, ISBN 978-3-95447-366-3,
Musik von Sayama, gehört zu Buch 4

1. Rückholung deiner verlorenen Seelenanteile (33:57)
2. Reinigung des Wirbelsäulenkanals von Mutter und Kind (32:20)
3. Heilung durch die Frequenz gesprochener Worte (11:33)

Meditationen und Übungen für das Goldene Zeitalter

Lichtbotschaften von den Plejaden (Übungs-CD 6)
78 Minuten, ISBN 978-3-95447-369-4,
Musik von Sayama, gehört zu Buch 5

1. Einleitende Worte des Lichtrats (4:17) – *eingesprochen von Pavlina*
2. Meditative Anbindung an die Blume des Lebens (4:41)
3. Geleiten einer Seele ins Licht (6:41)
4. Anbindung an Erzengel Metatron (6:15)
5. Rückkehr der Gesundheit deines physischen Körpers (6:30)
6. Transformation von negativen Grundinformationen (9:17)

7. Erschaffung deiner neuen Realität durch eine Zahlenkombination (6:45)
8. Heilung der weiblichen Anteile in deinem System (7:06)
9. Schutz und energetische Harmonisierung deines Zuhauses (5:43)
10. Wiederanbindung an lichtvolle Naturwesen (8:55)
11. Affirmation zur Aufhebung aller Belastungen in dir (5:28)
12. Abschließende Worte von Mutter Erde (5:31) – *eingesprochen von Pavlina*

Heilung durch die kosmische Energie der Zentralsonne

Lichtbotschaften von den Plejaden (Übungs-CD 7)
**78 Minuten, ISBN 978-3-95447-447-9,
Musik von Sayama, gehört zu Buch 6**

1. Die Seele eurer Sonne meldet sich zu Wort (9:18) – *eingesprochen von Pavlina*
2. Erhöhung des Lichts in deinem Herzen (10:39)
3. Anbindung an die Bewusstseinsebene der Plejader (3:36)
4. Wie du dein Unterbewusstsein von Belastungen befreist (7:38)
5. Positive Umprogrammierung einer physischen Krankheit (4:51)
6. Befreiung von Belastungen nach einer Narkose (5:42)
7. Heilung deines Herzens und deines Seins (10:26)
8. Anbindung an das Reich der Delfine (4:24)
9. Anbindung an die Frequenz von Lemurien (4:47)
10. Lemurische Meeresklänge (4:56) – *Reiner Klang, nur auf dieser CD*
11. Wir bewundern jeden Einzelnen von euch (6:22) – *eingesprochen von Pavlina*
12. Wir danken euch für euer Vertrauen (4:38) – *eingesprochen von Pavlina*

*Alle acht Übungs-CDs liegen auch als Audio Books
für Download & Streaming vor.*

*Alle sieben Bücher der Plejadenreihe liegen auch als eBook und
Hörbuch auf CD sowie für Download & Streaming vor.*

Weitere Veröffentlichungen von Pavlina Klemm

1. Kartensets

Lichtbotschaften von den Plejaden
44 Energiekarten für jeden Tag • 128 Seiten
Begleitbuch mit Übungen und Affirmationen
ISBN 978-3-95447-570-4

»Wir, deine plejadischen Begleiter, können dir helfen, dein ganz persönliches Feld der Heilung aufzubauen. Aktiviere die Karten mit unserer Hilfe. Ziehe für dich oder andere die aktuelle Botschaft. Mache die dazugehörige Übung, sprich die Affirmation und nutze die Karte, mit der du energetisch verbunden bist, auf vielfältige Weise. Stärke durch sie deine Anbindung und lass die Heilfrequenzen zu dir strömen.«

Heilsymbole & Zahlenreihen
44 Karten zur Plejadenheilung • 112 Seiten
Begleitbuch mit Übungen und Meditationen
ISBN 978-3-95447-376-2

»Wir, deine plejadischen Begleiter, sind sehr dankbar dafür, dass du dich mithilfe dieses Kartensets selbst heilst. Du hältst hiermit die materialisierte, manifestierte Energie von Symbolen, Zahlenreihen und Affirmationen in Händen. Durch dein Heilen hilfst du anderen Personen, und es gelingt dir leichter und schneller, dich in der fünften Bewusstseinsdimension zu verankern. Vertraue bei dieser Arbeit auf deine Intuition.«

2. Weitere Bücher

Heilsymbole & Zahlenreihen
Arbeitsbuch der Plejadenheilung
192 Seiten • Vorwort von Jeanne Ruland
ISBN 978-3-95447-448-6

Enthält das vollständige Arbeitsmaterial aus den ersten sechs Büchern und physischen Veranstaltungen des Mediums, das mit Heilsymbolen und Zahlenreihen zusammenhängt – und es kann ohne jede Vorkenntnis eingesetzt werden!

3. Weitere CDs

Teil 1: *Von Pavlina ausnahmslos selbst eingesprochene Übungen und Meditationen.*

Die Blume des Lebens
Eine Botschaft der Plejader mit geführter Meditation
44 Minuten, ISBN 978-3-95447-427-1
Musik von Michael Reimann, gehört zu Buch 5

Enthält: Die Blume des Lebens (14:03) • Geführte Meditation (7:30) • Heilsame Harmonien (22:27) – *Reiner Klang, nur auf dieser CD*

Energetischer Schutz und Rückkehr der Gesundheit deines Körpers
Geführte Meditationen mit Botschaften der Plejader
79 Minuten, ISBN 978-3-95447-385-4
Musik von Sayama, gehört zu Buch 5 und 6

Enthält: Begrüßung der Plejader (2:39) • Erlaubnis und Absicht (4:27) • Du erteilst die Erlaubnis (4:38) • Affirmation zur Heilung (2:38) • Du sprichst die Affirmation (7:49) • Rückkehr der Gesundheit (5:23) • Du führst die Übung aus (2:44) • Ehrung deines Körpers (4:10) • Du segnest deinen Körper (6:41) • Erreger im menschlichen Körper (6:18) • Erklärung des Heilsymbols (8:30) • Du leitest die Erreger aus (13:24) • Schlussworte der Plejader (1:49) • Heilfrequenzen von Sayama (7:51) – *Reiner Klang, nur auf dieser CD; mit einem Heilsymbol im Booklet*

Heile deine Chakren. Reinigung für das Große Erwachen
Anleitungen der Plejader zur Klärung deiner Energiefelder
158 Minuten, 2 CDs, ISBN 978-3-95447-499-8
Musik von Sayama, gehört zu Buch 7

CD 1: Einführung der Plejader (4:28) • Aktivierung deiner Handflächen (7:08) • Die Lichtchakren unter deinen Füßen (10:52) • Heilung deines Wurzelchakras (11:14) • Heilung deines Sakralchakras (16:26) • Heilung deines Solarplexus-Chakras (12:55) • Heilung deines Herzchakras (15:36)
CD 2: Heilung deines Halschakras (16:00) • Heilung deiner Ohrenchakren (17:50) • Das Chakra deines Dritten Auges (16:30) • Heilung des Kronenchakras (13:35) • Die Lichtchakren über deinem Kopf (14:58) – *mit neuem Heilsymbol im Booklet*

Die folgenden drei CDs mit Meditationen aus den Workshops von Pavlina Klemm sind nicht im Handel erhältlich, sondern nur auf www.AmraVerlag.de:

Heilung des Herzens
78 Minuten, keine ISBN; Musik von Sayama
Enthält: Energetische Reinigung des Herzens (12:03) • Bewusstes Abgeben störender Programme und Negativitäten sowie Programmierung der positiven Zukunft (27:07) • Heilung verlorener Seelenanteile (28:19) • Erdung durch die Kraft und schützende Frequenz von Gaias Seele (10:16)

Anbindung an die Lichtwelt
78 Minuten, keine ISBN; Musik von Sayama
Enthält: Anbindung an die Lichtwelt und die Lichtwesen (19:37) • Befreiung deiner Thymusdrüse (19:43) • Befreiung des Chakras deines Dritten Auges (11:09) • Energetischer Schutz für dein ganzes Sein (12:56) • Wiederanbindung an die DNA (14:14)

Anbindung an Gaia
78 Minuten, keine ISBN; Musik von Sayama
Enthält: Anbindung an Gaia (18:26) • Programmierung deines Kristalls (12:56) • Anbindung deines inneren Kindes an das Reich der Delfine (25:37) • Energetische Arbeit für Mutter Erde (20:54)

Teil 2: *Die Heilmusik auf den folgenden CDs wurde gechannelt mit Unterstützung der Plejader, das jeweils achtseitige Booklet enthält Hintergrundinfos und Meditationsanleitungen von Pavlina.*

Michael Reimann & Pavlina Klemm
Kolloidales Magnesium [432 Hertz]
Stärkende Klänge für Herz, Kreislauf und Nerven
76 Minuten, ISBN 978-3-95447-215-4; ein durchgehendes Klangfeld mit Kurzfassung für Meditation, Behandlungen und Raumreinigung.

Michael Reimann & Pavlina Klemm
Kolloidales Platin [Alpha Flow Antiviral]
Für Gewebe, Thymus, Endokrine und geistige Anbindung
76 Minuten, ISBN 978-3-95447-437-0; zwei 30-minütige Klangfelder mit Kurzfassung für Meditation, Behandlungen und Raumreinigung.

Michael Reimann & Pavlina Klemm
Chakren Aktivierung [8 Solfeggio-Frequenzen]
Heilmusik zur Reinigung und Stärkung der Energiezentren
73 Minuten, ISBN 978-3-95447-370-0; acht aufbauende Kompositionen für Meditation, Energiearbeit, Behandlungen und Raumreinigung.

Michael Reimann & Pavlina Klemm
Leber Aktivierung [Liebesschwingung 528 Hertz]
Reinigende Klänge mit der Organfrequenz zur DNA-Reparatur
70 Minuten, ISBN 978-3-95447-498-1; drei 20-minütige
Klangfelder mit Eisen-Schwingung für Meditation,
Behandlungen und Raumreinigung.

ONITANI & Pavlina Klemm
Intergalaktische Verbindung. Lichtkanal Plejaden
Kontaktaufnahme und Erhöhung der Schwingungsenergie
45 Minuten, ISBN 978-3-95447-360-1; ein durchgehendes
Klangfeld für Meditation, Energiearbeit, Behandlungen
und Raumreinigung.

Teil 3: *CDs mit Meditationen und Übungen anderer Heiler, die Pavlina durch einen selbst eingesprochenen Beitrag unterstützt hat.*

Drunvalo Melchizedek, Daniel Mitel & Pavlina Klemm
Lebe im Licht deines Herzens
Geführte Meditationen für den Zugang in den heiligen Raum
78 Minuten, ISBN 978-3-95447-371-7
Track 13: »Geh in den unendlichen Raum des Herzens« (Nachwort)

Eva Marquez & Pavlina Klemm
Seelenheilung und energetischer Schutz
*Anleitungen der Plejader zur Durchlichtung
mit kosmischer Liebe*
78 Minuten, ISBN 978-3-95447-381-6
Track 1: »Kosmische Liebe durchleuchtet jegliche Existenz auf der
Erde« (gechannelte Botschaft der Plejader)

Eva Marquez & Pavlina Klemm
Heilungscode der Plejader [Übungs-CD 1]
Aktivierung atlantischer Schwingungen und des Seelensymbols
78 Minuten, ISBN 978-3-95447-384-7
Track 5: »Die Menschheit darf heilen!« (Nachwort)

Eva Marquez & Pavlina Klemm
Heilungscode der Plejader [Übungs-CD 2]
Meditationen zur kosmischen Liebe und Heilung der Zeitlinien
78 Minuten, ISBN 978-3-95447-388-5
Track 1: »Liebe ist das Wichtigste, was es gibt!« (Vorwort)

Eva Marquez & Pavlina Klemm
Heilungscode der Plejader [Übungs-CD 3]
*Selbstheilung und Anbindung deiner außerirdischen
Seelenanteile*
79 Minuten, ISBN 978-3-95447-392-2
Track 7: »Deine außerirdischen Anteile« (Nachwort)

Die folgende Übung »Schutz & Erdung« haben wir der Workshop-CD *Heilung des Herzens* entnommen, die nicht im Handel erhältlich ist. Fünf Hörproben und eine Bestellmöglichkeit gibt es auf www.AmraVerlag.de.

BONUS-MEDITATION
Erdung durch die Kraft und schützende Frequenz von Gaias Seele

Wenn du viel und häufig mit lichtvoller Heilenergie arbeitest oder bewusstseinsmäßig stark an die kosmische Lichtwelt angebunden bist, solltest du dich oft erden, damit dein System beide Komponenten in sich trägt …

💜 *Die Komponente Erde und die Komponente Kosmos.*
Erdung hilft dir, dich mit der Kraft und Schutzfrequenz deines Planeten und seiner Seele Gaia zu verbinden. Erdung hilft dir, dein System nach getaner Energiearbeit zu reinigen.
Vielleicht fühlst du dich nach dem Kontakt mit einer großen Anzahl Menschen müde, weil du Energien in dein System aufgenommen hast, die nicht zu dir gehören.
Erdung hilft dir, dich von diesen Energien zu befreien.
Sie hilft dir auch, dich wieder mit deiner Lebensenergie zu verbinden und dich an die Reinheit der Naturreiche anzubinden.

♥ *Deshalb stimme dich jetzt ein ...*

Stelle dir vor, dass du dich in der Natur befindest. Wenn du möchtest, stelle dir vor, dass du auf einer wunderschönen Wiese stehst, im Wald, in den Bergen oder an irgendeinem anderen Ort, der dir besonders geeignet erscheint.

Lasse nun aus deinen Fußsohlen Licht strömen, das in die Erde hinabfließt. Dieses Licht bahnt sich seinen Weg bis zum Mittelpunkt des Planeten Erde, bis zu seinem Herzen.

Verbinde dich dort mit der mächtigen, reinsten Energie der Erde ... und dann lass dein Licht wieder zu deinen Füßen hinaufsteigen. Die lichtvolle Energie steigt über deine Füße weiter in deinen Körper auf. Sie steigt zu deinen Knien auf, zu deinen Hüften. Sie reinigt deinen Rumpf, deine Arme und Hände. Sie reinigt deinen Hals und deinen Kopf.

Beim Kronenchakra bleibt diese Energie stehen und verharrt in deinem Körper.

Dein ganzer Körper trägt jetzt die reinste, mächtige Energie der Erde in sich.

Jede Zelle deines Körpers spürt jetzt diese irdische Kraft.

So sehr bist du mit der Erde verbunden.

♥ *Und nun sagst du ...*

»Ich bin rein. Ich bin rein. Ich bin rein.

Ich bin geheilt. Ich bin geheilt. Ich bin geheilt.

Ich bin geschützt. Ich bin geschützt. Ich bin geschützt.

Ich bin gesegnet. Ich bin gesegnet. Ich bin gesegnet.

Ich bin geerdet. Ich bin geerdet. Ich bin geerdet.

Danke, danke, danke.«

Von Pavlina selbst eingesprochene Audiofassung:
https://youtu.be/YXd0zHsxTME (vollständiger Text)

Transformation gemeinsam erleben
Die Doppel-DVD zum 1. Deutschen Channeling Kongress

Alle Auftritte aller Referenten & Event-Bericht
Unfassbare 6 Stunden 26 Minuten Laufzeit

AMRA Verlag • bei uns nur € 14,99 • ISBN 978-3-95447-40-02

Auf diesem Kongress in Taufkirchen bei München kamen erstmals **die besten Channelmedien Deutschlands** zusammen, um die transformativen Energien der geistigen Welt zu vereinen. Alle Teilnehmer hatten zwei Tage lang die Möglichkeit, sich anzubinden und stärkende Hilfsmittel zu erhalten. Wenn wir uns als Zuschauer jetzt bei diesen Aufnahmen anbinden, können wir die sich entfaltende positive Heilenergie erfahren und wirken lassen.

Erleben Sie das Plejaden-Medium **Pavlina Klemm**, begleitet von Klangheiler **Sayama**, und **Kerstin Simoné**, die Thoth den Atlanter channelt. Schauspielerin **Sylvia Leifheit** beschreibt die Reise der Seele. **Christine Woydt**, musikalisch unterstützt von **Dennis O'Neill**, empfängt medial Übungen von Saint Germain. **Peter Herrmann** berichtet über Lichtphotonen und den Wechsel der Zeitlinien. Bei einer Talkrunde, moderiert von **Thomas Schmelzer**, sprechen **Varda Hasselmann**, **Bettina Büx** und **Siglinda Oppelt** über die praktische Arbeit eines Channelmediums. Und vieles mehr ...

Seien Sie von Anfang an dabei!

Mehr zum Thema Channeling beim AMRA Verlag, Michael Nagula, Auf der Reitbahn 8, D-63452 Hanau
Kunden-Telefon: +49 (0) 61 81 – 18 93 92 • Service: Info@AmraVerlag.de • www.AmraVerlag.de

Als Geschenk erhalten Sie auf Wunsch gratis eine 80-Minuten-CD mit 16 ausgespielten Musikstücken bekannter Künstler.